资源丰裕型发展中国家
经常项目赤字的再平衡研究

A Study on Rebalancing Current Account
Deficits in Resource – rich Developing Countries

姜雪晴 著

中国金融出版社

责任编辑：王慧荣
责任校对：孙　蕊
责任印制：陈晓川

图书在版编目（CIP）数据

资源丰裕型发展中国家经常项目赤字的再平衡研究／姜雪晴著．－－北京：中国金融出版社，2024.12．－－ISBN 978－7－5220－2651－0

Ⅰ．F112.1

中国国家版本馆 CIP 数据核字第 20243V85A3 号

资源丰裕型发展中国家经常项目赤字的再平衡研究

ZIYUAN FENGYUXING FAZHANZHONG GUOJIA JINGCHANG XIANGMU CHIZI DE ZAIPINGHENG YANJIU

出版
发行　中国金融出版社

社址　北京市丰台区益泽路 2 号
市场开发部　（010）66024766，63805472，63439533（传真）
网 上 书 店　www.cfph.cn
　　　　　　（010）66024766，63372837（传真）
读者服务部　（010）66070833，62568380
邮编　100071
经销　新华书店
印刷　涿州市般润文化传播有限公司
尺寸　169 毫米×239 毫米
印张　12.75
字数　195 千
版次　2024 年 12 月第 1 版
印次　2024 年 12 月第 1 次印刷
定价　55.00 元
ISBN 978－7－5220－2651－0
如出现印装错误本社负责调换　联系电话（010）63263947

序

忽然是秋，雪晴工作已经一年有余，前几日校庆之前见面，她说决定出版她的博士论文。学生要出版专著，作为导师，欣然为序。

导师为学生的作品作序，首先是回忆录。在雪晴读本科时，我可能和她只有一面之缘，只记得她是高个子长头发。深入认识雪晴大概是 2019 年秋的栋梁广场。我和她分享了我的研究方向和研究心得，建议她先去知网收集阅读我的论文，看看是否对心、对路，再做决定。一周后，她很明确地表达要考我的博士。我告诉她我在关注发展中国家的美元化问题，她可以尝试后续研究。在正式成为我的学生之前，雪晴已经开始收集美元化的文献，并重点读 Hanke 和张宇燕老师的代表性文章。2019 年 11 月，她还参加了经济学院组织的"理解世界"国际学生学术论坛。

在这不紧不慢的安排中，意料之外的是 2020 年春节期间疫情突袭，雪晴读书的三年，中国和世界经济都进入颠簸的旅程。入学后，我给雪晴布置的第一篇命题作文是在美元化理解的基础上，研究发展中国家金融市场的"原罪"问题。我建议她把 Reinhart 的代表作"读烂"，把 Frankle 关于汇率制度选择的长文"读烂"，把张志超老师的文章读熟，做好笔记，然后和我再交流。"原罪"是一个亚洲金融危机后讨论的主题，在 1997 年后有密集的讨论，但是近些年已经少有研究，大部分都是实证文章，观察多样本，找到规律性一直在我研究的愿望清单里。

好的习惯是做事的关键，更是做研究的核心素质。我和雪晴互相交流的邮件一定有上千封。她的邮件标题都注明了姓名—事由—日期。同样的主题，一直回复同一个邮件。这样便于我们按图索骥，连接上讨论的节点。读资料是一个水泥和沙子准备脱坯、烧砖的工作，但是离脱坯还有距离。

写文章绝不是要先把砖搬到一个地方，而是逐渐有了房子的雏形、树架后再搬砖，再摞起来，然后再勾缝。终于迎来了 2020 年秋，我们继续讨论"原罪"，新兴市场国家有哪些不完美，如何衡量两个"错配"，如何破解错配？科技与国际合作如何助力新兴市场克服错配？对于债务国家和债权国家克服的方式有何不同？

　　磨炼是研究的常态。解决迷茫的密码，就是找到事情做，做到极致。关于"原罪"的论文在不断沟通中成稿，但它一定是不完美的。我们在投稿—回复—修改—回复—再修改的往复循环中磨炼自己的意志，完善自己的思想，提高自己的表达能力，建构自己的学术观、读者观。与雪晴合作的第一篇论文《新兴市场国家金融市场原罪：理论、测度与救赎探索》让我们体验了梭罗的自然哲学：简朴，简朴，再简朴。文章千古事，得知寸心知。写出来的每一个字都觉得珍贵。字词句，句子连着句子，一个字都不能少。作者一定要在规定的版面表达完整的思想，这是对综合能力的考验。我在中国社科院读博士时，我的导师余永定教授总是语重心长地叮嘱我们，一本书要缩成一章，然后缩成一节，一页，200 字，100 字，一句话！这种"磨炼"就是培养学生和完善自我的过程。我和雪晴合作的每一篇作品都要经过几十遍修改，她逐渐成为一个非常有耐心的年轻人，关于"原罪"和"救赎"的论文发表在《经济社会体制比较》，这给了我和雪晴极大的鼓舞，发展问题是当前最有意义、最有趣的研究领域。

　　"就近参照"是研究的拇指法则。我们被疫情所困，但是这场体验给了我们研究的重要场景，启示我们做问题导向的研究。我和雪晴合作的第二篇文章是关于疫情期间的公共合作。我们使用动态演化博弈方法，分析了公众合作的逻辑，提出更有效的抗疫模式。关于数字货币的文章也是如此，在数字讨论的潮流中，我们关注数字货币的公平、效率与合法性，这篇文章既传统也充满时代感。在写作过程中，我们多次到图书馆地下书库查阅经典名著，其中有很多小故事。"从商品到货币是惊险的跳跃，一定弄清楚谁被摔坏！"关于数字货币的文章发表在《太平洋学报》上，并被新华文摘全文转载。

　　围绕发展世界的发展问题，要考虑大论文的选题。雪晴又说"迷茫"了。我们在西四的那间咖啡馆改完稿子，用石头剪子布的方式决定到对面一家饭馆吃饭。望着街上人来人往，他们看起来没有关联，实际上是有关联的。这些年我为来自广大发展中世界的学生授课，连续四年举办"理解世界"论坛，我认为研究发展问题是最有意义的。人生而平等，但是国家生而不同！我建议雪晴把发展中国家作为研究对象，研究资源型国家的贫困问题，但是要从国际收支切入，利用跨期均衡的思想。我反复用津巴布韦的烟叶问题和她交流这个选题的意义，如何设计，布局谋篇。在一个难得的上午，我洗了两个西红柿，她带了两杯咖啡，我们在图书馆的五层讨论了模型，用 Crowther 的国际收支阶段论的思想，考察一个不成熟的债务国经常项目赤字跨期平衡问题。我认为这篇文章具有伟大的现实意义，在选题和写作过程中，我们都充满激情与期待。

　　颠簸的旅程最能锻炼人的意志，要走对路，要看到前方。大流行不断把连续的时间剐出一个个洞，但我们要保持状态，盛装开启每一天。"经济学就是苦着别人的苦，乐着别人的乐"。雪晴的博士论文写作是问题导向，聚焦资源丰裕型发展中国家经常项目赤字的再平衡问题。对全球失落地带的研究面临很多局限，特别是数据的缺失，国家政治制度、文化特征和社会结构的差异，我和雪晴共同阅读了大量资料，对很多发展中国家，从陌生到熟悉。

　　参加学术活动，与学术界建立亲密关系，对一个人的研究进步是必要的。雪晴习作陆续在世界经济学会年会、新兴经济体年会上宣讲。在师门的麻雀读书会上，她分享过多次研究的阶段成果。相观而善，她的研究促进了我们研究团队的整体进步。

　　树的根总是苦的，果实总是很甜美的。在师门毕业分享会上，雪晴分享的竟然是一个 Word 文档，上面以时间为目录记录了我们所有重要见面、谈话内容、她的回答与理解。她在三年的颠簸的读书旅程中形成了自己的时间线，从未拖延。这样的 Q&A 之于我是意外的惊喜，在将近 30 年的教学经历中，这种模式的"听话""对心"是我遇到的第一次。我多希望其他同学也能养成这样的习惯，逐渐地形成这样的素养。

雪晴要出书了，发来一页的简介，我不敢相信，才几年时光，那个说自己迷茫的年轻人的研究成果已经写满一页纸了。没有期盼这样的结果，却有了这意外的惊喜！又是金秋，此刻，晨月如眉，挂在天空，日出东方，银杏的叶子影印西墙，这是多么美好的早晨！梭罗说，唯有我们觉醒之时，天才会破晓，破晓的不只是黎明，太阳只不过是一颗晨星。我想此时雪晴已经在地铁里，与地面的人同行去往一个目的地，她不会迷路。愿她欣然接受这清晨的邀请，走学术研究之路，回答时代之问，中国之问，世界之问，简朴、简朴、再简朴。

2024 年 10 月 28 日晨

北京新发地

摘　　要

经济全球化给各国带来经济增长机会的同时带来了分配效应。机会均等与发展贫困是全球化的悖论。资源丰裕型发展中国家对世界经济增长有重要意义，其中有些国家经常项目长期赤字，甚至深陷贫困。"富而赤字"成为全球化与发展的典型问题。

本书通过观察"富而赤字"国家的典型化事实，从国际收支的角度切入，研究其发展难题，从理论、实证以及具体案例分析样本国家经常项目长期赤字的经济和非经济因素，探索其如何从"未成熟债务—借款国"发展为"成熟债务—借款国"的方案。

本书构建了"富而赤字"发展中国家经常项目赤字再平衡的理论分析框架。首先，以经常项目跨期均衡模型为基础，纳入外国直接投资（FDI），建立拓展的费雪双周期模型；以中国"双顺差"可持续性模型为基础，提出资源丰裕型发展中国家经常项目赤字的可持续性模型。其次，构建单一商品结构的小型开放经济体理论模型，深入分析自然风险和政治风险作为一次性外源性冲击对经常项目再平衡的作用。本书提出五个假说：（1）国际收支从第一阶段"未成熟债务—借款国"到第二阶段"成熟债务—借款国"，资金流入促进生产能力形成将有助于经常项目改善，若未形成生产能力，则经常项目再平衡难度加大。（2）世界利率水平下降会加大债务型融资对经常项目的影响，减弱外国直接投资对经常项目的影响。（3）一国对国际商品市场的进口消费倾向越低，与国际平均收入水平差距越大，个人汇款对经常项目的正向作用越大。（4）外源性负向冲击不利于经常项目赤字的再平衡。（5）一国国内的自然风险和政治风险会通过外债、外国直接投资、官方援助和个人汇款净流入对经常项目产生间接影响。最后，通过对西非法郎区国家的深度剖析，构建气候、政治、经济叠加的"三重厄尔尼诺"分析框架，阐释失衡机制。

本书以 40 个国家为样本，验证了各种因素对经常项目跨期再平衡的影响。基于国际货币基金组织（IMF）外部平衡评估法构建双向固定效应模型，得出实证结论：（1）外债净流入和外国直接投资净流入会继续扩大经常项目的赤字规模，加大再平衡难度；官方援助和个人汇款净流入有助于经常项目跨期平衡。（2）与外债和 FDI 不同，官方援助和个人汇款净流入有助于提高国内生产能力，为经常项目再平衡提供基础。FDI、官方援助和个人汇款均能提高农业生产率，但外国直接投资给制造业生产率带来负向冲击。四种资金均无助于国内技术进步。（3）发展中国家普遍存在国内金融压抑，世界利率下行会放松融资约束，但加大外债规模，减少外资流入。（4）自然风险和政治风险增加了经常项目再平衡的不确定性。自然风险会显著通过增加外债和个人汇款净流入、降低 FDI 净流入影响经常项目差额；政治风险会通过降低外商投资偏好和官方援助决策影响经常项目差额。（5）贸易条件和国际大宗商品价格变化等周期性因素对样本国家经常项目再平衡的影响更显著。

在理论和实证分析的基础上，本书提出解决发展中国家"富而赤字"的新型全球化机制，具体从样本国家、中国和国际组织三个视角提出通过积极自救、他救和有效的国际组织救援，共建包容性增长的方案。样本国家应在开放中调整和优化现有融资机制，守住"油和米"的底线，以国家建设为主；拓展可持续融资机制，撬动更多私人资本加入。中国应积极参与"一带一路"高质量建设和南南合作，思考将"援助、FDI 和其他投资"打包；同时构建高质量合作伙伴关系，保护中国企业海外利益。国际组织应增加全球公共产品供给，弥补全球治理赤字，促进全球包容性增长；提供对弱势国家的补偿机制，解决集体行动的难题。

关键词：资源丰裕型发展中国家；经常项目赤字；外债；外源性冲击

目　　录

图表目录

第1章 绪 论

1.1 研究背景及研究意义

1.1.1 研究背景

1. 全球化背景下国家间的经济趋同与分化

自 20 世纪 80 年代以来，经济全球化给各国经济增长带来机会，随着全球生产、贸易、金融和投资网络的形成，国际收支流量大幅增加，全球化的净收益问题受到广泛关注。全球化、技术和人口等因素变化带来分配效应，已经成为学界共识（斯蒂格利茨，2017），"不平等"和"不公允的分配"的长期存在关乎全球化的命运和全球公民福利，甚至形成极化效应，弱势群体更加弱势，造成机会均等下的"输赢对立"（Milanovic，2003；李建军和李俊成，2019；许士密，2021）。

图 1 - 1 展示了各类经济体在 1980—2020 年长达 40 年的经济增长对世界的贡献及收益对比。国际资本没有如预想的那样流向贫穷国家，美国等发达国家因其高人力资本和资本收益，仍是更多国际资本追逐的场地（小罗伯特·E. 卢卡斯，2016）。新兴经济体成为一匹黑马，经济增长发展迅速，并在 2008 年后反超发达经济体。新兴经济体，尤其新兴发展中的亚洲国家是全球化的参与者和受益者。但是，撒哈拉以南非洲地区、拉丁美洲和加勒比地区对全球生产总值的贡献值长年处于低位，非洲大量资源丰裕的发展中国家落在队尾。由此可见，国家间的趋同与分化并存，并且经济趋同可能仅局限为数量相对较少的个别国家，全球化没有同等程度地惠及每一个国家。

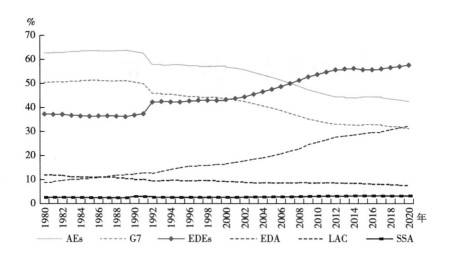

注：AEs（Advanced Economies，发达经济体），EDEs（Emerging Market and Developing Econo-mies，新兴发展中经济体），EDA（Emerging and Developing Asia，新兴发展中亚洲国家），LAC（Lat-in America and the Caribbean，拉丁美洲和加勒比地区），SSA（Sub - Saharan Africa，撒哈拉以南非洲国家）。

图 1 - 1　各类经济体生产总值占世界总量的份额：基于购买力平价（1980—2020 年）
［资料来源：世界经济展望 WEO（2021）］

世界经济明显出现了增长和分配的极化现象，中低收入和低收入国家仍是贫困的重灾区。已知世界银行公布的贫困标准线是每天生活费低于 1.9 美元，中等偏低的贫困线是 3.2 美元，中等偏高的贫困线是 5.5 美元。虽然低于最低标准的人数比例在降低，但中等偏低的人数比例下降幅度较小，远不及中高收入国家对贫困问题的解决程度（见图 1 - 2）。2015 年，世界整体人均消费每天低于 1.9 美元的人数比例是 10.1%，其中在低收入国家，比例为 46.6%，远远高于世界平均水平。解决贫困、守住生存底线依然是中低收入国家的紧急任务。在经济分化的同时，贫困依旧是中低收入国家的难题。

中国于 2013 年推出"一带一路"倡议，正努力通过"一带一路"高质量建设，实现共建国家双赢、多赢的共享发展，推动共建国家的减贫合作。观察全球极端贫困人口，撒哈拉以南非洲国家约占 60%，南亚国家约占 30%，几乎都属于"一带一路"共建国家。预计到 2030 年，该倡议有望帮助 760 万人摆脱极端贫困，3200 万人摆脱中度贫困[①]。将"一带一路"建设为"减贫之路"具有世界意义。

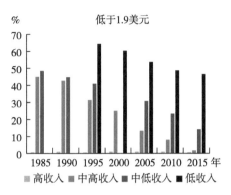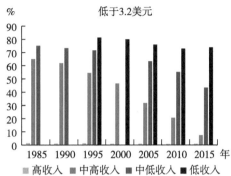

图 1 - 2　不同收入国家群体的贫困人口比例

（资料来源：世界银行世界发展指标数据库）

2. 不同收入水平国家的劳动生产率差异大

"发展才是硬道理"，[②] 是解决贫困和赤字问题的关键。增长的持续动力来自国内劳动生产率的提高，这与该经济体的生活水平和市场竞争力密切相关。资本全球化为欠发达国家和地区提供了发展机会，虽然有国际资本流入，但劳动力更多是本土的。资本流入能否带来国内劳动生产率的变化，是融资带动可持续增长的关键。国家整体劳动生产率的变化可反映本国人力资本水平和技术水平的演变。不同类型经济体的变化如图 1 - 3 所示。很明显，高收入国家的劳动生产率长期稳定上升，中低收入国家的劳动生产率实现了提升，但绝对水平始终处于低位，不同等级国家之间的鸿沟难以跨越。结合国家所在地理位置，观察到撒哈拉以南非洲地区，特别是其中低收入国家单位劳动产出长期增长过于缓慢。在全球化的背景下，这些国家 40 年的发展结果并不理想，且未来增长的潜力令人担忧。

---

① 资料来源：翟东升，"将'一带一路'建设成'减贫之路'"，求是网，http：//www. qsthe-ory. cn/dukan/hqwg/2022 - 09/13/c_ 1128998408. htm，2023 年 2 月 25 日。

② 1992 年，邓小平发表南方谈话，鲜明提出"发展才是硬道理"的论断。

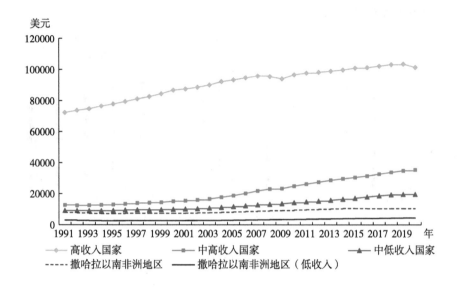

图1-3　不同类型国家群体的单位劳动产出（按购买力平价计算，2017年为基期）

（资料来源：国际劳工组织ILO）

　　这一现象看似一个谜团。丹尼·罗德里克（2012）指出，发展中国家的增长依赖与发达国家生产率水平的差异。发展中国家的增长之路取决于其吸收思想和知识的能力，技术水平不会后退，只要能引进并学习已有的技术，就能有所改善，表现为其单位劳动产出水平的提高。事实证明，在长达40年的开放发展过程中，技术尚未在这些国家实现普惠。舒马赫（2007）在著作《小的是美好的》中提出，只要中等技术的改进就能够使这些贫困国家大幅度提升劳动生产率，改善生活，甚至走出贫困。

　　3. 全球失衡问题难解，赤字国再平衡难度加大

　　自由贸易理论认为，贸易是互利的，国际贸易通过提高产出水平，进而提高国内居民的消费水平。然而，各经济体融入全球市场后，全球失衡成为世界难题（见图1-4）。理论上，经常项目赤字的镜像是其他经济体的经常项目顺差。虽然全球整体经常项目失衡状况显著缓解（刘瑶和张明，2018），顺逆差绝对规模缩小，但拉丁美洲和加勒比地区，以及撒哈拉以南非洲国家的经常项

目赤字长期存在，它们整体为国际市场的净需求者。原有的国际三角循环体系[①]已发生结构性变化，发达经济体经常项目由逆差转为顺差，作为全球需求者消费新增生产能力的能力减弱，以美国为首的发达国家开始了以"经济安全"为由的贸易保护和制造业回流。2020 年全球公共卫生危机，加上频发的地缘政治冲突，与资源丰裕型发展中国家密切相关的大宗商品价格波动性增强，全球产业链、供应链和价值链的断裂风险等使全球失衡不确定性增加，加大了中低收入国家经常项目赤字再平衡的难度。

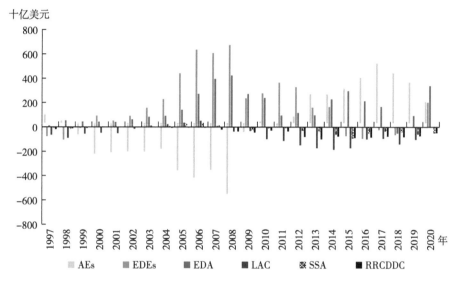

图 1-4　各类经济体的经常项目差额（1997—2020 年）[②]

（资料来源：世界经济展望 WEO）

4. 债务再次成为低收入国家的难题

为对发展赤字融资，弥补国内储蓄投资缺口，缓解国内融资约束，一国总会通过国际金融市场获取外部资金，削弱国内金融压抑。第二次世界大战后，

---

① 刘鹤（2010）在"三角循环和两极"一文中提出全球经济形成新的三角循环体系，即发达国家作为全球的需求者，消化全球新增的生产能力，购买新兴市场国家和资源富裕国家的出口品，通过经常项目赤字提供全球流动性。新兴市场国家和资源富裕国家所得的大量外汇结余大多通过购买美国国债的方式，回流到发达国家的资本市场，尤其是美国，以保护本币在国际市场上的价值。

② RRCDDC 为第 3 章筛选确定的资源丰裕型经常项目赤字的发展中国家（Resource-rich and Current Account Deficit Developing Countries），是样本国家群体。

全球流动性增加，债务扩张，中低收入和低收入国家在获得利用国际流动资金的机会时，也背上了沉重的债务负担，甚至爆发过债务危机，如拉美债务危机。1994 年，低收入国家整体外债存量与国民总收入（GNI）占比已超过100%（见图 1-5），这意味着，即使国民生产总值全部用于偿还债务也是困难的，更何况在背负外债压力时提高生活水平，发展国内经济。

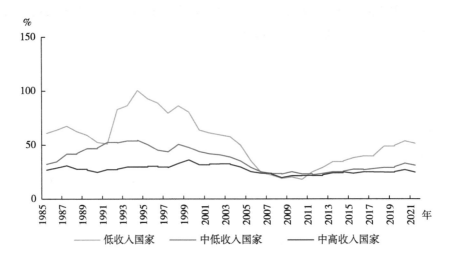

图 1-5　不同收入等级国家的债务情况

（资料来源：世界银行国际债务统计数据库）

衡量债务负担或偿债压力有多个指标，如外债存量与总储备资产占比、短期外债与当期贸易差额之比等。本书选择外债存量与国民生产总值之比衡量不同收入国家群体在 1985—2021 年的债务负担。数据显示，低收入国家曾在 20世纪 90 年代债务攀升，随后在国际债务治理下偿债压力减弱。然而近十年，外债存量与 GNI 占比再次出现上升趋势。尤其在 2022 年，主要发达经济体货币政策从数量宽松走向货币紧缩，它们纷纷加息，尤其是美国提升美元利率，国际融资成本上升，借方偿债金额增加，低收入国家的外债负担明显加重，债务问题再次成为低收入国家发展的"枷锁"。

5. 全球非经济危机加重"弱势群体"的脆弱性

全球现行目标是将全球变暖的温度变化限制在 1.5℃以内。图 1-6 展示了自 1961 年以来全球平均地表温度的变化。长期来看，全球平均地表温度震荡上升，全球变暖趋势明显。这种气候变化不仅影响粮食、能源等生产，导致宏观经济发展和人类生活环境的不确定性，在全球经济转型过程中各国的平等性问题更是成为国际热点议题。"从平等的观点看，唯有这些赢家用积累得到的好处来补偿这些输家，才能证明经济全球化是合理的"（戴维·赫尔德等，2005）。然而，这些"弱势群体"在设立全球补偿机制中的谈判力量不强，它们能否适应绿色发展、成功转型仍是未知数。

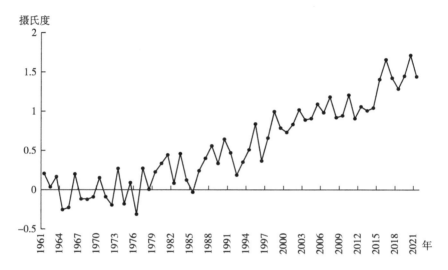

图 1-6　全球平均地表温度变化

（资料来源：联合国粮食及农业组织，FAO）

气候是危机的导火索，地缘政治冲突是助燃剂。气候变化和乌克兰危机加剧了全球能源危机，冲击能源结构和价格，暴露了能源系统中潜在的脆弱性和依赖性。国际能源署（IEA）在《2022年世界能源展望》中谈到全球能源市场应对气候变化和保障能源安全、实现清洁能源转型的极大压力，持续飙升的价格将显著降低能源需求，提高能源进口国企业的生产成本，非洲农业因农业设备运转成本上涨和以天然气为原料的氮肥成本上升面临挑战。

另外，联合国粮食及农业组织（FAO）在《农业展望》中预测，未来十年，农业需求增长将放缓，气候变化、动植物病害等不确定性影响预测结果，并预计2022年度和2023年度全球谷物供应仍将趋紧①。1932年，乌

---

① 资料来源：联合国粮食及农业组织 Food and Agriculture Organization of the United Nations, OECD - FAO Agricultural Outlook 2022 - 2031，https：//doi. org/10. 1787/f1b0b29c - en。

克兰遭遇干旱，极端气候导致当地粮食绝收，爆发了粮食危机。1973—1974 年、2007—2008 年和 2021—2022 年世界粮食危机等都是天灾和人祸综合的结果（刘合光和兰向民，2022）。俄乌冲突双方均为世界上重要的农产品生产和出口国。2020 年以后，全球粮食实际价格明显攀升（见图 1-7）。粮食供应链紧张，粮食价格持续推高，依赖粮食进口的国家，如苏丹等国家已面临粮食短缺。

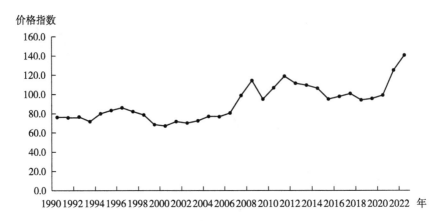

图 1-7　全球粮食实际价格指数（2014—2016 年为 100）
（资料来源：联合国粮食及农业组织 FAO 数据库）

全球的脆弱国家，尤其是撒哈拉以南非洲地区的城市化发展最慢，FAO（2022）预计到 2031 年，52% 的人口仍将居住在农村地区，撒哈拉以南非洲将成为唯一一个一半以上人口居住在农村的地区①，家庭平均粮食消费约占收入的 23%。因此，该地区对农业的高度依赖使其对气候变化和自然灾害的反应最明显，上涨的粮食价格（见图 1-7）也将对该地区的经济福利和粮食安全产生重要影响，生存危机潜伏。

6. 机会均等与发展赤字

机会均等与大面积发展赤字（即全球化的悖论）集中体现在中低收入国家的发展困境，落后的非洲甚至被称为"无望的大陆"（林重庚和斯宾塞，2011）。部分资源丰裕型发展中国家更是表现出拥抱全球化后的发展悖论。与

---

① 资料来源：联合国粮食及农业组织 Food and Agriculture Organization of the United Nations, OECD - FAO Agricultural Outlook 2022 - 2031, https：//doi. org/10. 1787/f1b0b29c - en。

绝对优势理论相悖，它们拥有资源上的绝对优势，却在国际贸易中盈利能力弱，长期未能跨越收入等级，存在经常项目赤字。并且，根据永久性收入假说，具有可耗尽的自然资源的开放经济体为保证资源使用后期的消费，应将其大部分依靠资源获得的额外收入储蓄起来，结果应是经常项目盈余。本书将在全球化进程中与绝对优势理论和永久性收入假说相悖的国家群体称为"富而赤字"的发展中国家。

来自"弱势群体"和最发达世界的反对全球化的声音及改造全球秩序的呼声自新世纪以来有增无减。自 2008 年以来，世界经济踏上更颠簸的旅程，全球经济活动陷入低谷，2020 年发生的公共卫生危机，使低落的世界经济雪上加霜。全球经济陷入衰退，生产链、供应链和价值链受到前所未有的冲击，此起彼伏的地缘政治冲突和全球气候灾害，加重了那些"无望"的国家的债务负担。

本书的研究对象是在全球化中具有"富而赤字"和"富而贫穷"共性的资源丰裕型发展中国家，研究将从国际收支的角度切入，基于对经常项目的观察，探索其赤字的形成机制和救赎方案。在开放宏观理论中，长期经常项目赤字需要外资流入为其融资。资金流入有两条路径：一是资本和金融项目下的贷方，增加对外债务，主要指债务型融资和外国直接投资（Foreign Direct Investment，FDI）流入，累积会产生巨大的资本流出负担；二是经常项目下初次收入和二次收入的贷方，即官方援助（官方发展援助和官方援助，ODA and OA）和个人汇款为贸易赤字部分融资。理论上，资本的净流入会改变国际投资头寸表，影响一国国际贸易的长期发展趋势和经济实力，改善未来期的经常项目，避免赤字的循环，实现跨期均衡。因此，本书在研究再平衡时，将聚焦债务型融资、外国直接投资、官方援助和个人汇款四种融资方式的再平衡效果。

针对资源丰裕型发展中国家广泛存在的"机会均等和发展赤字"，本书旨从国际收支的平衡手段切入，重新审视债务型融资、外国直接投资、官方援助和个人汇款的融资效果，探寻赤字之谜和再平衡的可能方案。因此，本书将从国际收支平衡表的角度剖析发展问题，由表及里，聚焦经常项目赤字融资方式如何提高生产能力，改善经常项目赤字；更加关注非经济因素的作用，重点分析自然和政治风险带来的经济后果，结合具体的国别案例研究，最终构建统一的理论分析框架，为经常项目再平衡和走出贫困陷阱提出方案。

具体地，本书旨在完成以下目标：（1）厘清四种跨境资金流入对经常项目再平衡的作用机制，尤其是对生产路径的考察；（2）验证经济因素和非经济因素如何导致资源丰裕型发展中国家的长期经常项目赤字；（3）构建"三重厄尔尼诺"理论研究框架，分析资源丰裕型发展中国家经常项目失衡机制，探索适合国情的平衡路径；（4）在理论和实证结果基础上，从融资渠道的角度为样本国家经常项目再平衡和生产能力提高提出建议。

1.1.2　研究意义

理论意义：

（1）在理论上，扩展经常项目跨期均衡模型。其中，将外国直接投资引入小型开放经济体的跨期均衡模型，视其为一国负债，东道国承担融资成本，即下一期外资企业利润汇回的部分，不同于债务型融资成本世界市场利率。

（2）综合分析经常项目再平衡的驱动因素。一是剖析主要国际融资方式对生产能力和经常项目平衡的作用机制。资源丰裕型发展中国家在融入全球化的过程中，全球资本流入提供增长机会，但能否提高生产能力，从根本上实现经常项目再平衡。二是探究来自自然和政治领域的外源性冲击对经常项目差额的作用，丰富经常项目赤字的解释。

（3）总结并提炼出资源丰裕型发展中国家经常项目再平衡难题的理论研究框架。资源型发展中国家的经常项目赤字与发达国家的赤字问题存在本质区别，低增长下的低储蓄和高消费下的低储蓄是不同的，其克服路径也必然不同。在注重区别的同时，研究视野必须从国别经济转向区域经济，探寻共性。

现实意义：

（1）有助于样本国家提高发展能力。本书将剖析全球化中脆弱的分支，对其再平衡的研究将有助于提高其融入全球化的能力，探索如何形成持续生产能力，改善赤字难题，走出贫困陷阱。经常项目是国际冲击传播的潜在渠道，暴露国内金融脆弱性。在全球经济金融化的大潮中，弱势国家面临复杂的国际形势，例如，产业链、价值链和供应链的断裂风险、"绿天鹅"事件，以及大宗商品价格的波动性对资源丰裕型发展中国家的国际收支的冲击。

（2）助力中国建立开放经济新体制。筛选后的"富而赤字"发展中国家大多都是"一带一路"共建国家，中国和广大的资源丰裕型发展中国家有非常密切的交往，相互依赖。中国对其援助和投资的力度也会加大。本书有助于中国提高资本形成对东道国发展的作用，并有助于中国保证和提高海外投资收益，真正建立开放经济新体制。

（3）促进国际组织发挥全球治理能力。有序解决全球大规模失衡是国际组织的目标之一。判断国际组织提供的融资机制是否合理有效，如何更合理地提出附加条件，而不是统一的"华盛顿共识"，本书为这类国家提供基于当地实际、明确政策优先次序的解决方案，以及探讨是否应该为脆弱国际提供补偿机制。

1.2　研究内容与研究方法

1.2.1　研究内容

本书研究对象是资源丰裕型发展中国家经常项目赤字的再平衡问题。特别是从多因素角度分析赤字原因，探索国际收支第一阶段的资本流入如何形成有效的资本积累和生产能力，拟从理论、实证以及具体案例探析融资渠道的再平衡作用，进一步拓展再平衡因素，为样本国家平滑赤字，提高生产力提供理论和实证依据。本书各个章节的具体内容安排如下。

第 1 章提出研究背景，提炼全球化进程中各类经济体收入分化和劳动生产率分化的事实，强调全球失衡难题，以及低收入国家、脆弱国家债务负担加重，应对能源危机和粮食危机的紧迫性，进而提出研究问题，明确主题，声明研究意义，阐述研究内容、方法及创新之处。

第 2 章综述相关重要文献。通过收集重要文献，围绕资源丰裕型发展中国家经常项目和为经常项目赤字融资的四种途径，梳理并总结出三个核心主题的文献内容，最后评述文献并提出进一步研究方向。

第 3 章构建"富而赤字"发展中国家样本群体，基于经常项目赤字的观察，从外来资金流入的角度探究其对国际收支平衡的效果，描述其贸易和资本开放的事实。

第4章扩展经常项目跨期均衡模型。从经常项目融资渠道入手，构建资源丰裕型发展中国家经常项目赤字再平衡的理论框架。基于 Obstfeld and Rogoff（1995）的经常项目跨期均衡模型，阐述外国直接投资的双重属性。外国直接投资为东道国提供生产要素资本，其存量记在国际投资头寸表的负债方，净流入伴随本国负债的增加。借用费雪双周期模型，绘制出债务型融资和外国直接投资对经常项目差额的影响。然后，从经常项目核算方程入手，探究官方援助和个人汇款对经常项目的影响。

第5章是经常项目赤字再平衡经济因素的实证分析。首先，根据外部平衡评估法（EBA）构建实证模型，依次探究外债、外国直接投资、官方援助和个人汇款的作用方向和程度，观察结构性、周期性和金融性经济因素的驱动作用。其次，探讨四种资金流入的生产路径，讨论它们对国内生产能力的影响。最后，根据不同流入方式的特点，分别进行机制检验。

第6章探究影响经常项目赤字再平衡的非经济因素。通过构建理论模型和梳理文献提出本章研究假说，重点探讨自然灾害严重程度和政治稳定性变化对经常项目差额的影响。最后对稳健性和内生性等进行检验。

第7章是对西非法郎区国家的案例分析。梳理西非法郎区的发展历程和贸易结构，分析其气候特征、自然灾害、政府稳定性和政府效能等多方面的表现，总结出对"富而贫穷"和"富而赤字"发展中国家适用的可推广的研究框架。

第8章是研究结论和政策建议。在慢全球化和全球治理赤字扩大的背景下，样本国家、中国和国际组织都面临着复杂的国际环境。针对不同的主体、不同的责任，本章依次提出针对性建议。

1.2.2 研究方法

本书采用的研究方法包括理论分析、实证分析和案例分析。

（1）理论分析。采用开放宏观经济学与政治经济学相结合的方法。在开放宏观经济学领域，根据研究问题选择合适的理论模型。本书将以 Obstfeld and Rogoff（1995）的经常项目跨期均衡模型为出发点，扩展包含外国直接投资的跨期模型，搭配拓展后的费雪双周期模型；以余永定和覃东海（2006）研究中国"双顺差"可持续性模型为基础，探讨经常项目赤字的可持续性问题；在研究非经济因素产生的外源性冲击时，参照 Cantelmo et al.（2019）构建单一商品结构的小型开放经济体理论模型；基于政治经济学分析，构建"三重厄尔尼诺"框架。

（2）实证分析。依据 IMF 于 2013 年提出的 EBA 框架选择恰当的控制变量，使实证研究尽可能科学规范。采用双向固定效应模型进行基准回归，引入交互项变量机制检验，使用替换核心变量和两阶段最小二乘法（2SLS）等方法进行稳健性检验等。

（3）案例分析。拟选择西非法郎区国家，重点研究全球化和发展悖论难题。西非法郎区国家是典型的"富而赤字"，是区域合作典范，法郎区国家间既有统一性又有自主性，既有共性又有特性，是综合考虑研究目的和"小国"发展现实的匹配案例分析对象。

1.3 研究的创新点

（1）识别和筛选"富而赤字"发展中国家。使用自然资源租金与国内生产总值（GDP）之比作为衡量资源禀赋的指标来选择样本国家，这一指标更能体现跨期消费和经济价值，克服了采用初级产品出口占国民收入的比重和资源出口占总出口的比重的局限。

（2）从国际收支的角度切入研究发展问题，超越"中心—外围"的分析范式。将四种融资机制纳入统一框架，对比不同机制效果。剖析不同资金流入形式对生产能力和经常项目差额的直接影响和间接影响，特别是外国直接投资的资本和负债双重属性，继而对经常项目跨期再平衡提供多样解，但是"多解归一"，最终将落在发展能力上。

（3）尝试构建"三重厄尔尼诺"理论分析框架。拓展影响经常项目赤字再平衡的因素，从气候、政治和经济叠加的"厄尔尼诺"阐释西非法郎区的经常项目赤字的形成过程，并延伸至其他样本国家。

（4）考虑资源丰裕型发展中国家经常项目赤字再平衡对中国经济安全和参与全球治理的意义，特别是中国与样本国家更大的合作空间和更多的合作模式，以及中国参与全球治理的设计。

第 2 章　文献综述

在全球化背景下，资源丰裕型发展中国家具有资源禀赋优势，但依然处于全球经济的边缘，贸易和资本开放的同时长期面临经常项目赤字。已有文献聚焦禀赋和贸易、禀赋和增长、经常项目失衡的原因及影响因素，以及融资机制与增长等研究视角。本章将从三个方面进行文献收集和梳理，作为后续研究的基础。

2.1　资源禀赋、贸易和增长之间的关系

2.1.1　资源诅咒还是资源祝福？

1. 基于资源禀赋的国际贸易理论

绝对优势、比较优势和赫克歇尔—俄林（H－O）理论都是自由贸易理论。基于比较优势，贸易双方会实现共同富裕。然而，当各国专业化分工出口本国生产效率更高的商品时，发展中国家运用劳动力资源和自然资源参与国际分工，却只能获得相对较低的附加值，并且这种"比较优势"的发展战略会不断强化这一环节，使这些国家被牢固钉在国际产业链的尾端，掉入"国际分工陷阱"。

劳尔·普雷维什（Raúl Prebisch）（1962）曾提出"中心—外围"理论（Core and Periphery Theory），指出世界经济已被分为两个部分，一是大的工业中心，二是为中心国家生产初级产品的外围国家，这种"二元"体系下的"中心—外围"国之间的关系是不对称和不平等的。中心国家享受着技术进步带来的收益，外围国家为中心国家生产粮食和原材料等初级产品，进口中心国家的工业品。然而，工业部门的技术进步速度更快，劳动生产率提高，工业的

要素收入提高，工业品价格上涨；初级产品技术相对落后，劳动生产率低，而且初级产品的规模报酬递减，初级产品价格下降。长此以往，外围国家进口品价格上涨，出口品价格下降，贸易条件恶化，中心国家贸易条件改善。这种生产结构和经济结构的差异导致"中心—外围"国之间存在不平等的贸易关系。

2. 资源丰裕型发展中国家经济增长的结论复杂多样

资源丰富的国家有能力或潜力出口，并获得外汇，使贫困国家能购买国外的高级产品和先进技术，从而继续推动经济增长。但同时，这些国家普遍实际汇率较高，人力资本积累慢，制度质量差，不利于经济增长（Polterovich et al.，2010）。针对自然资源丰富的国家比自然资源匮乏的国家经济增长率更低这一现象，学者提出资源诅咒假说（Resource Curse），或者称为"富足的悖论"（Paradox of Plenty）（Sachs and Warner，1999；Shahbaz et al.，2019）。El-bra（2013）认为，资源诅咒是矿产资源丰富的国家的经济增长情况无法与其资源丰富度对应的悖论。学术界对该假说进行了一系列的验证。"荷兰病"（Dutch disease）是对资源诅咒机制的公认解释（Corden and Neary，1982；Sachs and Warner，1999），具体表现为经济对自然资源的过度倾斜导致国内产业结构失衡，制造业欠发展，缺少竞争力，从而损害经济。

值得重视的是，单纯用经济因素并不能解答经济问题，要深挖非经济因素，尤其是社会因素、一国的价值取向，或者文化意识形态对经济的影响。常见观点是丰富的自然资源使国内经济发展的重点由生产活动转变为寻租活动，于是干扰了国内市场经济的有效运行（Auty and Gelb，2000；Bjorvatnetal et al.，2012；Matallah and Matallah，2016）。Wantchekon（2002）通过对比挪威和尼日利亚的发展差异，证实了对自然资源的依赖会增加政府独裁的可能性，国家机构就会缺少透明度且自由散漫。更难以解决的问题是有些不发达、贫困国家可能没有把经济增长当成本国最重要的事情，因为他们的社会价值不是变得富有。社会是否稳定、信仰或宗教是否统一、权力是否足够集中被放在更高的社会位置上，如印度尼西亚（Crowther，1957）。此外，资源丰裕的中低收入国家缺少有话语权的跨国公司，使自己在全球生产体系中扮演附属者的角色，虽然会共享经济增长的繁荣，但经济主权被全球生产网络支配，经济发展总是难以实现突破，经济安全受到威胁（威廉·格雷德，2003）。

实证研究结果呈现多样性。不同的资源类型、不同的国家类型、不同的时间范围都会影响资源禀赋与增长之间的关系。Ahrend（2006）验证了资源诅咒存在于俄罗斯。Matallah and Matallah（2016）以政府的治理能力为中介，阐述了中东和北非石油出口国的资源诅咒现象。Yilanci et al.（2021）使用自回归分布滞后（ARDL）边界检验方法，区分五种不同类型自然资源对样本国家的经济增长作用，没有有效证明资源诅咒假说的成立。资源祝福假说也被验证在长期成立（Ousama et al.，2018），且能通过增加公共投资有益于经济发展（Berg et al.，2013）。

资源丰裕型发展中国家也在积极思考摆脱资源诅咒的方案。目前，挪威政府在一个透明的运营框架下将石油租金分配给生产性投资，避免政府的直接参与（Tsani，2013）。博茨瓦纳通过强制执行产权和制衡行政权力促进基础设施投资（Acemoglu et al.，2001），成为利用自然资源财富实现经济增长的成功案例。因此，"有效政府"下形成有效资本积累，看似处理好政府与市场的关系是摆脱资源诅咒的关键。

2.1.2 拉美模式还是东亚模式，抑或第三条道路？

贫困国家通过资本积累发展经济的模式主要有拉美模式和东亚模式。前者实施进口替代战略，后者实施出口导向型战略，更能体现生产力的发展概念（高成兴和樊素杰，1998）。进口替代战略下，政府通过补贴和税收优惠等为本国工业注入资金，但国内产业链并不完整，为降低进口原材料和中间投入品成本，高估本币币值，削弱本国出口品的国际市场竞争力，经济独立变成了经济孤立。由此，应对财政赤字和贸易赤字，引进外资，加重债务负担，为债务危机爆发埋下隐患（张宇燕，2012；董敏杰和梁泳梅，2014）。东亚模式下，坚持对外开放，放松出口管制，放宽外资限制，大量吸引外资，不断调整经济结构，从传统产业到高科技技术产业，强调内部资本积累和高储蓄率。20世纪80年代后，大多拉美国家又转为外向型的发展模式，初级产品出口份额再次攀高。但是，伴随新自由主义和"华盛顿共识"影响下的结构调整计划并不适用于拉美和非洲国家（丹尼·罗德里克，2016；赵祚翔，2018）。非洲曾在20世纪70年代大面积获得民族独立，普遍先追求经济独立和种族平等，通过"向东看"和"向西看"探索社会主义经济发展道路和西方市场经济的运作模式，并在 80 年代后融入全球化大潮（胡传华，2019）。然而，相比迅速发展的东亚，非洲追赶的步伐缓慢，经济发展模式外部性与本土适应性之间不能相容（舒运国，2020）。总之，民族独立和全球化使样本国家融入国际市场，带来机会，为国内资本形成和生产能力改善提供了可能。但是，为什么发展缓慢，对于这些依赖自然资源和低收入国家来说是否还有第三条道路？目前还没有更令人信服的答案。

罗浩（2007）通过扩展新古典索洛模型，证明在特定技术条件下，自然资源的固定禀赋终将使经济增长停滞。寻找解决资源瓶颈约束的方案一直是资源丰裕型国家的要务。完成工业化是摆脱贫困、实现增长的必由之路（Rosenstein – Rodan，1961；周茂清，2003；徐康宁，2008）。其中，Rosenstein – Rodan（1961）认为，贫穷的农业国家存在比工业国更严重的劳动力浪费，即农业过剩人口。为促进世界不同国家收入分配更加平等，要么农业国劳动力转移，向外寻找资本，如经济移民；要么国际资本寻找过剩劳动力，即工业化。通过工业化解决资源依赖是最理想路径，但是在现实中，实现工业化对于发展中世界来说十分艰难。

据此，Rosenstein – Rodan（1961）提出大推动（Big Push）理论，认为发展中国家应同时大规模投资国民经济中相互补充的产业部门，基础设施具有"乘数效应"，这些部门之间相互促进，平衡地增长才能更好地推动经济的高速增长和全面发展。小国应重点投资基础设施和轻工业部门，保持在国际分工中的优势，而不是急于过度强调发展重工业。

工业化需要大规模的国内和国际投资，很难单纯依靠来自私人部门的投资激励完成培训劳动力、发展基础产业和公共事业等任务（Rosenstein – Rodan，1961）。若一国仅以自身自然资源为依托推进工业化，很容易形成经济孤立，而且投资进程缓慢。小国市场较小，应通过积极发展对外经济关系，依赖国外市场，才有可能完成工业化，如新加坡（周茂清，2003）。斯蒂格利茨（1995）撰写的世界银行报告《东亚奇迹——经济增长与公共政策》中，探索了东亚经济工业化之谜，提出物质资本和人力资本积累的关键作用，并且将资本更多投资于高产出领域和出口产业，在获得更多外汇的同时掌握先进技术，这不同于拉美模式下的"进口替代战略"。后者在条件尚不成熟的情况下就试图建立独立的机械设备生产部门，限制外国直接投资，这种进口替代的内向性政策将减少获得先进技术的机会。东亚经济体是通过吸引外国直接投资和许可证的方式获取技术对劳动生产率的提高，不是通过严格控制进口从而节省外汇，而是通过增加出口获得更多外汇（斯蒂格利茨，2013）。

20 世纪 60 年代至 80 年代，日本实行的"雁行模式"是东亚经济增长的引擎，日本工业化在亚洲产生外溢效应，通过投资带动技术向东亚地区转移，形成了区域的产业分工（李晓，1995；斯蒂格利茨，2013）。"四小龙"和"五小虎"的经济增长证明了"雁行模式"的巨大价值以及对减贫和追赶经济的重要意义。但是，其他地区的欠发达经济体就没有那么幸运。它们仍然受困于资源瓶颈约束。总之，东亚经济既以出口为经济增长引擎，又通过引进国际资本带动国内投资需求增加，从而创造出新的投资能力，发展中间产品制造业，改善出口结构，带动国内产业结构升级，从而实现工业化、国内经济发展和经常项目顺差（斯蒂格利茨，1995；徐长生和张茵，1999）。

很多研究专注第二次世界大战后独立的广大发展世界的脱贫问题。双缺口理论是典型的强调利用外资填补储蓄缺口和外汇缺口、缓解储蓄和外汇瓶颈，实现经济增长的理论。国内金融压抑和外贸压抑是阻止穷国致富的瓶颈（McKinnon，1973），外资和外贸主导的对外开放是成功规避资源诅咒的关键因素（邵帅　等，2013）。制度落后、人力资本不足、"荷兰病"和国内市场化程度低等都是资源诅咒形成的主要作用渠道（徐康宁和邵军，2006；邵帅和杨莉莉，2011；邵帅　等，2013）。因此，资源丰裕型发展中国家必须重视内部市场建设，政府制定正确的经济发展战略与产业发展政策，借助外部融资克服储蓄不足，形成国内生产能力，同时，克服金融压抑，激发内部融资，带动国内资本投资互补产业，完善制造业体系，带动整个产业结构的升级；对外资敞开大门，但重在引入关键技术，改善生产力。

2.2　经常项目失衡之谜和再平衡机制的影响因素

2.2.1　经常项目失衡及再平衡理论

关于经常项目差额变动的研究最早可追溯到金本位时期的大卫·休谟，其被视为跨境黄金流动的来源（Hume，1898）。经常项目失衡的本质包括暂时性失衡、货币性失衡、周期性失衡、结构性失衡、收入性失衡等，虽然商品价格、汇率和利率等经济变量对国际收支失衡有自动调节作用，但其运行存在局限性，很难有效发挥作用。对此，失衡的国家通过改变其宏观经济政策、加强国际经济金融合作等方式主动参与国际收支的调节过程，包括但不限于外汇缓冲政策、财政和货币政策、外汇管制、国际融资便利使用等。

探讨国际收支调节效用的理论包括成熟的储蓄—投资理论、局部均衡的弹性分析法、国民收入角度下的吸收分析法，以及考虑资本金融项目的不可能三角假说等。经常项目跨期均衡分析方法是最有代表性且考虑更全面的国际收支平衡理论。

自卢卡斯提出经济人行为具有前瞻性后，跨期分析方法开始盛行，学者也开始在国际收支领域从微观视角探讨跨期最优的经常项目差额。Sachs（1981）率先提出，Obstfeld and Rogoff（1995）扩展，认为经常项目失衡是理性经济人跨期平滑消费的体现，并且得出小型开放经济的经常项目独立于短暂的全球冲击，只会对持续存在的冲击有反应的结论。与之相反，Kano（2008）通过施加交叉方程限制的结构向量自回归（SVAR）模型证明了经常项目的波动主要由特定国家的暂时性冲击主导，而不是持续性冲击。

Crowther（1957）提出国际收支阶段假说，认为贸易赤字只是国家正常发展历程中所处阶段的一个表现，欠发达国家正是处于国际收支的第一阶段，国内生产能力有限，货物和服务项目逆差，随着净投资收益项目下的资本流出，以及国际借款，属于未成熟债务—借款国。全球失衡造成了赤字国债务不可持续（茅锐 等，2012；刘瑶和张明，2018）。赤字的另一风险是一国对资本的管制能力有限，资本的流入会削弱主权国家管理社会需求的能力，从而造成总需求和总产出的动荡。因此，对经常项目的观察是必要的，经常项目赤字再平衡更是有意义的。

2.2.2　国内外经济类影响因素复杂多样

剖析经常项目失衡的内在逻辑是经典问题，影响经常项目再平衡的因素也是多样的（Debell and Faruqee，1996；Chinn and Prasad，2003）。首先，内外部失衡之间是联通的，甚至相互推波助澜，愈演愈烈（郭树清，2007）。例如，金融发展通过改变融资约束和国际竞争力影响经常项目失衡，认为国内金融市场越发达，融资约束越小，依据金融业比较优势吸收国际资本企业，最终导致经常项目逆差（谭之博和赵岳，2012；茅锐　等，2012；王伟　等，2019）。很明显，这种解释不适用于资源丰裕型的赤字国家，更适用于发达国家经常赤字。资源丰裕的发展中国家国内金融市场不发达，准入有限，资本交易充满摩擦（Araujo et al. ，2016）。或者，通过世代交叠模型（Debell and Faruqee，1996）和动态随机一般均衡模型（朱超　等，2018），证明一国人口结构会通过储蓄投资行为影响经常项目。一国的城镇化进程通过消费、投资和政府支出三个渠道作用于经常项目（姚斌和李建强，2014）；政府财政赤字通过提高利率，引致高消费等，造成经常项目赤字，表现为"双赤字"等（郭树清，2007；余永定，2010；齐红倩和耿鹏，2012）。这完全不同于美国的"双赤字"。因此，外部失衡本质上是国内经济不平衡的外在表现。

除国内因素外，外部因素也会影响经常项目失衡及再平衡的途径和难度。如国际石油等大宗商品价格（Morsy，2009）、世界市场利率（卞学字和范爱军，2014）。失衡的严重程度还与国际货币体系的演变有关。从整体上看，金本位和浮动汇率时期失衡更严重（杨盼盼和徐建炜，2014），国际货币的发行国可以通过现行的国际货币体系延迟和转嫁经常项目赤字的危害（科恩，2017；徐明棋，2006；丁振辉和夏园园，2012）。改变失衡的国际货币体系是解决全球失衡的关键（路世昌　等，2016）。

刘瑶和张明（2018）依据 IMF 提出的 EBA 经常项目法将经常项目失衡和调整区分为周期性驱动和结构性驱动，详细区分驱动因素类型，发现发展中国家在 2008 年后的经常项目调整主要由于周期性因素，如产出缺口等。其中，生产率是研究失衡问题的重要视角。吴晓芳等（2019）更是通过区分生产率冲击来源，识别出对经常项目平衡的不同作用途径。张少华（2014）利用面板向量自回归（PVAR）模型验证生产率提高会导致实际汇率贬值，从而改善经常项目，并且赤字国受到的冲击效应更大。此外，国际经济政策的协调合作，避免盲目的保护主义对解决失衡问题必不可少，以实现经济"软着陆"（吴晓芳　等，2019）。

部分文献放松对经常项目的要求，开始研究经常项目赤字的可持续性。

Garg and Prabheesh（2021）检验了七大赤字国经常项目赤字的可持续性，发现服务账户赤字可持续，商品账户赤字不一定，只有未来出口带来的顺差足够支付当前的净债务，赤字才不是问题。这可能是因为习惯形成，当期受其滞后值的影响，很难永久改变经常项目（Bussière et al.，2006）。对于资源型国家来说，石油财富大多以外国资产的形式保存，没有转化为实物私人资本和公共资本，不利于经常项目的改善（Araujo et al.，2016）。

2.2.3　自然和政治等非经济类因素冲击一国经常项目

虽然早期 Albala - Bertrand（1993）设计的灾害频率分析模型认为灾难后的资本损失不太可能对增长产生重要影响，但后来更多文章强调自然灾害的负面效应，其频率和严重程度影响经济发展。例如，劳动生产率下降（Acevedo et al.，2018）、在国际商品市场的竞争力弱化（周力和杨阳，2014）、公共债务增加（Benali et al.，2018）、宏观金融风险积累（高睿　等，2022）、主权信用评级降低（Cevik and Jalles，2020）等，但不同产业部门之间存在异质性。与制造业相比，自由度更高的创意产业与自然灾害的关联度不高（Neise et al.，2022）。

具体到国别研究，较严重的自然灾害会降低流向泰国的外国直接投资（Anuchitworawong，2015），甚至逆转国际贷款机构的贷款项目对尼加拉瓜的积极影响（Lane，2000）；自然灾害之后的国际援助作用有限（Cantelmo et al.，2019）；在洪水灾害后收到跨境汇款的孟加拉国家庭有更高的人均消费；在布基纳法索和加纳，有国际汇款流入的家庭会修缮住房等设施，为应对自然灾害做好准备（Mohapatra et al.，2012）。如今，国际清算银行（BIS）建议央行可作为"最后的气候救助者"（Climate Rescuers of Last Resort）介入，购买大量贬值资产，尽快恢复经济金融发展（Bolton et al.，2020）。人们在逐渐适应自然灾害的暴露风险，学习如何减少资本损失，提高公众应对自然灾害的能力，自然灾害已经成为影响跨国企业投资决策的关键因素（Neise et al.，2022）。评估气候风险成为当下投资决策的重要内容。

社会政治风险同样冲击一国经济增长和经常项目再平衡进程。广义上的政治风险指不可预测的政治事件，指政治不稳定（Ali et al.，2008）。一方面，全球政治风险上升，普遍认为地缘政治风险带来负向冲击，国际关系的紧张影响资源的重新分配和经营业务环境；另一方面，国内政治风险的增加会减少国内企业投资（Le and Tran，2021），冲击国内生产率（Nguyen et al.，2022），还会阻碍跨境旅游业的发展（Tiwari et al.，2019），通过服务贸易项恶化经常项目。亚洲国家的成功案例已经表明，政治稳定是国际收支健康发展的现实决定因素（Ali et al.，2008）。尤其社会政治风险还会影响油价，造成产油国的经常项目变动。2022 年，乌克兰危机推升石油和其他大宗商品价格，影响进出口石油国家的经常项目，但 IMF 预计油价上涨对发达经济体的影响较小（IMF，2022）。特别地，Razek and McQuinn（2021）推断出沙特阿拉伯在全球石油市场中的竞争力不是来自国内生产率，而是受益于竞争对手面临的地缘政治威胁增加。

2.3 四种跨境资金流动与经常项目的关联

经常项目是评估跨境资本流动模式、金融一体化程度和各国对金融危机的脆弱性的基础，贸易赤字国家更是存在外资依赖，一旦资本流入骤停，会破坏该国乃至全球的稳定。第三部分将分别探讨不同融资机制的作用条件及影响。

2.3.1 债务风险是债务为赤字融资的最大问题

一国经常项目赤字的累积必然增加对世界其他国家的金融和资本账户中资金净流入的负债。对外债务扩张是为了平衡国际收支。财政缺口和私人部门的储蓄—投资缺口共同决定了债务规模（胡朝晖和李石凯，2013）。债务可持续和债务适度水平的判定都需要较高的经济增速（余永定，2000；Reinhart and Rogoff，2003）。一类文献是思考如何尽可能地偿还债务。债务的偿还能力要求该国最后能产生足够多的经常项目盈余，Obstfeld and Rogoff（1995）扩展的经常项目跨期均衡模型正是以平滑消费为前提，戎梅（2015）建议提高出口增速以降低债务违约风险。另一类文献是讨论债务的可持续性。余永定（2000）通过构建财政可持续的理论框架，认为具有研究价值的不是债务初始值大小，而是国债与 GDP 之比同经济增速的大小。

在布雷顿森林体系瓦解后，由于国内金融市场"原罪"，一国贸易赤字演化成一种美元债务，必然面临货币错配和期限错配的风险（Eichengreen and Hausmann，1999）。更复杂的是，提供发展融资成为大国影响债务国经济政策的重要工具，对债务国的主权造成新的挑战（周玉渊，2020）。

主权债务缺少如私人债务的法律约束，因此，国际组织有必要参与国际债务治理，防范债务危机爆发。1996 年，世界银行和国际货币基金组织倡议发起"重债穷国减债计划"，要求其进行经济结构性调整。截至 2000 年 7 月，42 个获得该计划援助的国家中，只有 5 个国家达到完成点，可以得到进一步的债务减免和援助，并且有被英法等大国战略考虑的受援国会有更快的债务减免进程（杨宝荣，2005）。但这一计划不清楚这些国家的基础性问题，如政府的腐败程度等（Hall et al.，2018）。虽然债务减免暂时缓解了信贷约束，但也暗示一国经济的不稳定和财政恶化，因此，债务减免的效果是不确定的（胡晓山，2005）。另一个起领导作用的组织是巴黎俱乐部（Paris Club），主导主权债务谈判。目前中国等新债权国的地位上升，意味着国际融资管理体系和国际债务治理体系都需要改革和转型（周玉渊，2020）。

2.3.2　外国直接投资对经常项目的影响具有异质性

自 20 世纪 80 年代以来，相较于证券组合投资和直接贷款，外国直接投资成为最普遍和稳定的资本流入形式。路风和余永定（2012）提出，外资投资增加只是发展的必要条件，而非充分条件，能力成长才是改变外资依赖、经济发展和转型的关键。Araujo et al.（2016）鼓励中非经济货币共同体的国家将非石油相关的 FDI 纳入最重要的融资来源。经常项目失衡与国际直接投资失衡紧密联系。在实践中，FDI 对经常项目的影响存在时间和空间的异质性（渝琳和周靖祥，2007；顾国达 等，2009；Ali et al.，2008），外资企业利润再投资及撤资的比例影响 FDI 净效应，外资企业的进出口行为是关键（余永定和覃东海，2006；张小波和傅强，2012）。Strauss（2015）以南非为研究对象，发现外国直接投资会产生更大的利润汇回母国，恶化了东道国的经常项目差额。在赤字融资方式的选择上，即使私人资本由外国人持有，不利于国内内资资本积累（Ploeg and Venables，2011），FDI 融资也是资源稀缺的发展中经济体的最佳选择。Araujo et al.（2016）鼓励中非经济货币共同体将非石油相关的 FDI 纳入最重要的融资来源。郑燕霞等（2019）和姚桂梅（2022）均证明中国对外投资推动了非洲工业化进程，促进了资源依赖国的制造业发展。

另外，在全球范围内，Li et al.（2020）根据五个主要经济体的双边贸易和 FDI 流动，实验证明贸易和外国直接投资成本的下降直接导致全球贸易的失衡，并且美国分散的对外直接投资是造成全球失衡的主要驱动因素。当中国吸引的 FDI 由出口导向型转为市场寻求型后，对国际收支顺差的影响也在变小（张小波和傅强，2012）。此外，马来西亚爆发危机的原因之一正是投机型和金融市场替代型的 FDI，外资企业通过并购抵押资产获取东道国资金再汇回母国（王跃生和潘素昆，2006）。FDI 可能会固化国际分工，使东道国难以跨越国际分工的陷阱，也就是说，发展中国家在生产链上的地位和获取收益地位没有因 FDI 得到改善（Yuan，2018）。

2.3.3　援助政策的增长与融资效应受制于国内社会基础和授援者偏好

缪尔达尔（2001）在《亚洲的戏剧——南亚国家贫困问题研究》中指出，我们不能脱离政治经济和社会结构讨论经济发展。Tsoutsoplides（1991）通过调查欧共体对 62 个最不发达国家的援助情况，发现平衡经常项目和满足基本人类需求是提供多边援助的主要目的。有益的援助应是在受援国进行工业化改革，贸易逆差时发挥积极作用（Fischer，2010）。不发达国家接受援助的效果取决于其"吸收能力"（Absorptive Capacity）、获取原材料的能力、交通基础设施的完整度、当地劳动力的数量和质量等，这些无形要素都会决定外来援助的增长效应（Crowther，1957）。

援助效果与授援者有关。徐丽鹤等（2020）认为美国的援助有利于非洲服务业，中国的援助有利于非洲工业，且为内生增长。中国援助通过提高受援国的基础设施水平和工业就业率，帮助受援国经济增长，模式有效（李嘉楠等，2021）。中国摆脱贫困的哲学是"要想富，先修路""无工不富"。西方主导下的国际社会对非援助政策带有支配性，不仅对改善非洲民生状态和推进发展进程无效，而且让非洲深陷依赖外援的陷阱，中国对非洲援助的增长效应呈倒"U"形（朱丹丹和黄梅波，2018）。非洲需要的不是恩赐式的援助，而是可以开发这块大陆巨大发展潜力的平等贸易、投资与经济合作（丹比萨·莫约，2010）。一些非洲国家对国际组织的援助提出了"我们不是要你们的钱，要的是你们的大脑"，因此，如何使援助变成发展能力是关键。

2.3.4　个人汇款成为稳定且反周期的外汇收入来源

汇款是单方面自愿的转移支出，不会成为收款者的负债。并且，汇款通常是一个稳定、反周期的外汇收益来源（Ratha，2009）。关于汇款的正负效应，学术界有着激烈的讨论。对人均收入低于1200美元的国家群体研究和对加纳的国别研究都证明汇款不仅减少贫困，而且增加了人力和物质资本积累（Ziesemer，2012；Adams and Cuecuecha，2013）。另外，汇款还会增加人均卫生支出，降低营养不良的发生率和儿童死亡率等（Azizi，2018）。

但是，当 Cao and Kang（2020）选定 29 个转型经济体研究时发现，如果汇入国的金融发展水平较低，个人汇款有利于经济增长，反之有负面影响。虽然个人汇款减少了贫困，但可能带来更大的分配不公。一是因为穷人和富人本身选择移民的机会不平等（Bang et al.，2016），二是没有收到汇款的家庭会面临更高的相对贫困水平（Adams and Cuecuecha，2013）。但汇款确实解决了部分国家的贫困，如孟加拉国。

为了便于厘清和对比四种融资机制的实际效果，本书将主要论证结果总结至表 2 - 1 中。

表 2 - 1　　　　　　　　四种融资机制效果的文献梳理

常见融资机制的效应	债务型融资	债务的衍生风险	错配风险（Eichengreen and Hausmann，1999）；长期发展失败的风险（Aguiar and Amador，2013）；对债务国的主权挑战（周玉渊，2020）
		债务负担控制	足够多经常项目盈余（Obstfeld and Rogoff，1995；戎梅，2015）；财政可持续（余永定，2000）
		国际债务治理	治理效果取决于发达国家的援助态度（杨宝荣，2005）；债务国层面都存在异质性（胡晓山，2005；Hall et al.，2018）

常见融资机制的效应	外国直接投资	正效应	减少南亚经济体经常项目赤字（Ali，2008）；支持 FDI 融资（Ploeg and Venables，2011；Araujo et al.，2016）
		负效应	导致全球贸易失衡（Li et al.，2020）；恶化南非失衡（Strauss，2015）；固化国际分工，深陷国际分工陷阱（Yuan，2018）
	援助	受援国异质性	Crowther，1957；Fischer，2010；Tsoutsoplides，1991
		援助国异质性	丹比萨·莫约，2010；徐丽鹤　等，2020；李嘉楠等，2021
	个人汇款	正效应	稳定的反周期外汇来源（Ratha，2009）增加人力和物质资本积累（Ziesemer，2012；Adams and Cuecuecha，2013）降低营养不良的发生率和儿童死亡率等（Azizi，2018）
		负效应	拉大贫富差距（Adams and Cuecuecha，2013；Bang et al.，2016）

2.4　本章小结

已有文献对资源丰裕型发展中国家的发展困境、经常项目赤字的原因和调整路径，以及四种融资机制分别进行了详细的研究。通过对文献的梳理，本书发现，资源丰裕型发展中国家在利用自身禀赋和外来资金、重新配置资源时，存在长期经常项目赤字的失衡难题，而且不同融资渠道会通过不同传导机制，对生产力和国内产出发挥不同作用。但文献对阐述资源丰裕、经常项目赤字和外源融资机制的逻辑关系探索不足，从融资机制的角度探讨国际收支再平衡时，仍需要更深入研究。具体存在以下问题。

（1）影响经常项目失衡的因素多元，大多数研究往往聚焦某一因素分析赤字的原因，且更多关注经济因素。气候变化、地缘政治风险及公共卫生危机会进一步加大"弱势群体"经常项目脆弱性，但目前研究不足。

（2）多以美国等发达国家为研究对象探索经常项目赤字和债务融资效果，

对低收入国家的研究常常是特定的国别和地域研究。低收入国家经常项目赤字和债务的形成原因和应对方式有异，研究具有同一共性的低收入国家群体更具有理论意义。经常项目赤字的资源丰裕型发展中国家充分体现了发展悖论，现有文献尚未形成对这类国家的统一理论框架。

（3）对外国直接投资的研究更多集中于其投资属性，与产出挂钩。除此之外，外国直接投资流入记在国际收支平衡表贷方，存量为国际头寸表负债方，与外债一样会产生对未来资金流出的负担。现有文献较少探讨其负债的性质。

（4）对于资源丰裕型发展中国家走出"赤字困境"，即如何从未成熟债务—借款国步入成熟债务—借款国缺少关注。文献主要关注融资对再平衡的直接效应，没有将其与国内生产和行业发展联系起来。在新全球环境下，对资源丰裕型发展中国家如何实现在机会平等中获得相应盈利的机制缺少关注和解决方案。

针对文献综述以及发现的问题，本书将从以下方面进行改进。

（1）从融资机制的角度研究再平衡路径时，将这四种机制放在统一的研究框架中。本书将在分别探讨四种融资机制对生产能力和经常项目的影响后进行归纳对比，据此提出综合性建议。

（2）研究再平衡影响因素时，根据样本国家特性选择特定的经济因素，增加对非经济因素的探讨。结合当今时代背景，地缘政治冲突和绿色发展等在新时代下的重要议题，考虑从自然灾害、社会因素和政治因素入手，使分析失衡的视角更加多维。

（3）基于"富而赤字"的发展悖论选择研究对象，从问题出发展开研究，关注国际社会中的相对弱势群体，发现资源丰裕型发展中国家的共性，不再将经常项目赤字看成是某个资源国的个别结构问题，而是一个全球性结构问题。寻找国家之间的合集，结合群体研究和案例研究，建立研究框架，在统一整体认知的基础上，挖掘细节，继续深入探索西非法郎区的再平衡实践，以求在全面掌握样本国家经常项目再平衡的基础上，剖析案例，加深理解。

（4）考虑将外国直接投资的融资和生产双重属性统一纳入理论模型。外国直接投资在发挥融资职能时，会影响经济主体的跨期预算约束；当发挥生产职能时，会通过增加资本投入和产生技术溢出效应提升东道国的生产能力。本书丰富了对外国直接投资的解释，在影响东道国产出的研究基础上，强调其利润汇回对经常项目的负面影响，进而统筹考虑一国的外资和外贸政策。

第3章 "富而赤字"发展中国家的 发展事实

学术界一直在努力为资源型国家画像、拼图，确定全球化中"富而赤字"和"富而贫穷"的发展中国家，为它们寻找"希望的钥匙"。本章将建立样本国家的筛选依据，确定具有"富而赤字"共性的发展中国家名单，分析相关特征性事实，勾勒出样本国家的基本发展面貌。

3.1 "富而赤字"发展中国家的筛选依据

依据国际货币基金组织对"资源丰富的发展中国家"（Resource – rich Developing Countries，RRDC）的定义：属于低收入和中低收入国家；2006—2010年，其可耗尽的自然资源（如石油、天然气和矿产）出口额占出口总额平均不低于20%或者自然资源收入不低于总收入的20%（IMF，2012）。以此为基础，结合新的研究场景，以原有定义为依据，进一步筛选"富而赤字"的发展中国家（Resource – rich but Current Account Deficit Developing Countries，RRCDDC）。

第一，重新界定资源标尺。关于资源的内涵与外延，本书不仅涵盖各种不可再生能源，如石油、天然气等，而且包含森林和土地等，它们同样是与生俱来的资源优势，金矿和宝石也是上天的馈赠。陆云航和刘文忻（2013）曾评述过已有研究中自然资源的范围问题，认为在一个狭小地理空间内提取冶炼的煤炭、石油、天然气等"点资源"不足以称为自然资源。例如，乌克兰拥有世界上四分之一以上的黑土地，被称为"欧洲的粮仓"。黑土地土壤肥沃，农产量高，是天然的资源。

第二，扩充传统的资源丰裕指标。度量自然资源丰裕的指标主要有三个：

初级产品出口占国民收入的比重，资源出口占总出口的比重，自然资源租金收入占比。在第一个指标中，初级产品出口本身就是国民收入核算中的组成部分，两者的正相关关系过于明显，会低估资源对经济增长的负向影响。在第二个指标中，出口占比数据是对之前出口结构的描述，属于过去式，单纯计算以前的情况，且研究的自然资源常为不可再生资源，缺少对资源跨期配置的思考。并且，能源原材料出口与能源产品出口都是该国利用本国资源的产物，综合考虑各种场景的难度较大。

本书将选择自然资源租金收入占比这一指标。世界发展指标数据库（World Development Indicator，WDI）提到自然资源租金是石油租金、天然气租金、煤炭（硬煤和软煤）租金、矿产租金和森林租金的总和，其估计值是按照商品价格与生产该商品的平均成本之间的差额计算的[1]。租金体现了一个国家的资本存量正在清算的过程，将自然资源的体量价值化，对可持续发展更有意义，也更有益于经济学研究。并且，根据世界银行公布的数据，自然资源租金越高，说明该国更多地依靠这些资源支持当前消费，而不是投资新项目，这是消耗未来消费的做法[2]，体现了这个国家对资源跨期安排的思考，更适合研究增长和贫困问题。表3－1对三个指标分别评价。自然资源租金正被广泛地应用于对资源丰裕国家的研究（Matallah and Matallah，2016；Ousama et al.，2018；Shahbaz et al.，2019）。

表3－1　　　　　　　　　　　三个资源型指标对比

序号	传统资源型指标	评价
1	初级产品出口/GDP	出口与国民收入的正相关关系过于明显，会低估资源依赖对经济增长的负面作用
2	资源出口/总出口	研究的自然资源常为不可再生资源； 缺少对能源作为原料的制成品的考量
3	自然资源租金收入/GDP	将自然资源的体量价值化； 包含对资源跨期安排的考量，高的租金收入代表更依赖资源支持当前消费

---

① 估算自然资源租金时，首先估算特定商品的单位价格并减去对提取或收获成本的平均单位成本，然后将这些单位租金乘以国家提取或收获的物理量，以确定每种商品的租金占国内生产总值（GDP）的份额。

② 参考资料来源于 https：//data. worldbank. org/indicator/NY. GDP. TOTL. RT. ZS。

结合研究目的,本书最终确定了以下 3 项筛选条件。

(1)近五年自然资源租金与 GDP 占比高于 2020 年世界银行公布的全球平均水平 1.97%。

(2)人均 GNI 低于 2020 年世界银行的中低收入国家的临界值,世界银行界定中低收入国家和低收入国家的人均 GNI 临界值分别是 4045 美元和 1036 美元。

(3)1980—2020 年平均经常项目赤字,或近五年面临较为严重的经常项目赤字。

条件 1 明确了这些国家有明显的资源优势且高度依赖资源。世界银行计算出世界平均自然资源租金与 GDP 占比为 1.97%,样本国家的自然资源租金占比均高于世界平均水平。自然资源租金不仅与本身的资源禀赋相关,而且体现了该国经济增长对自然资源的依赖程度(Shahbaz et al.,2019)。

条件 2 限定了样本国家的收入水平。样本国家亟待解决的是贫困和发展问题。2015 年 9 月,联合国各成员国确定无贫困,零饥饿为 17 项可持续发展目标之一。

条件 3 确定了研究国家长期为赤字国,或至少近五年面临严重的赤字问题。逆差说明国内总产出不足,持续的逆差带来储备的削减,国民财富的减少,是该国商品在国际市场不具有竞争力的表现。样本国家长期面临经常项目赤字,存在对国际市场的净需求,获得资本流入为赤字融资。这是本研究的重要前提条件。平均值表示一国经常项目的一般水平和集中表现,样本国家的经常项目赤字不是偶然事件,而是历史累积问题。其至在近五年,有些国家赤字问题加重,经常项目赤字依旧是全球化提出的发展难题,如何建立经常项目有效融资机制实现机会平等和发展平等具有现实意义。

依据上述条件,考虑数据可得性,本书选择的"富而赤字"的发展中国家有:贝宁、不丹、玻利维亚、布吉纳法索、喀麦隆、中非共和国、乍得、赤道几内亚、埃塞俄比亚、加纳、几内亚、几内亚比绍、印度尼西亚、伊拉克、吉尔吉斯斯坦、利比里亚、马达加斯加、马拉维、马里、毛里塔尼亚、蒙古国、摩洛哥、莫桑比克、缅甸、尼加拉瓜、尼日尔、卢旺达、塞内加尔、塞拉利昂、苏丹、塔吉克斯坦、坦桑尼亚、多哥、突尼斯、乌干达、乌克兰、乌兹别克斯坦、越南、赞比亚和津巴布韦。

首先，这些国家大多处在低收入的边缘，有的甚至远远低于低收入门槛值。收入跨越是困难的，贫困是这些国家的通病，可以说是"顽疾"。其次，这些国家拥有明显高于世界平均水平的自然资源租金，相较于世界上的大多数国家，样本国家的增长更依赖自然资源，其增长和出口的可持续性令人担忧。再次，在40个国家中，19个国家近五年的经常项目赤字问题变得更加严重，只有为数不多的国家有了顺差的迹象。这些国家似乎很难调转经常项目的方向，实现平衡。另外，这些国家大多位于非洲，尤其是非洲中西部，有26个国家来自撒哈拉以南非洲，这些国家的增长和赤字问题更加典型。最后，样本国家中除不丹外，均已和中国签订"一带一路"合作文件，它们是"一带一路"建设的重点。在"一带一路"倡议下，中国将和这些国家开展紧密合作，增大对外直接投资，为当地克服发展赤字贡献力量，同时考虑投资后的海外利益保护问题。

3.2 "富而赤字"发展中国家的主要特征

样本国家主要来自撒哈拉以南非洲地区，且均为中低收入或低收入国家。由第1章已知，撒哈拉以南非洲地区在全球经济增长中作用很小（见图1-1），尤其是该地区的低收入群体在近30余年的发展中，单位劳动产出近似为一条水平线，没有增长的积极态势，劳动生产率水平低（见图1-3）。贫困问题仍然没有得到根本解决，大量人口处于中等偏低贫困线以下（见图1-2）。发展和摆脱贫困是这些国家的根本任务。下文将继续从开放中贸易和融资的角度论述。

3.2.1 低增长下低储蓄，经常项目长期赤字

图1-4展示了"富而赤字"发展中国家（RRCDDC）的经常项目差额变化，表现为不断扩张的经常项目赤字。国内储蓄不足是经常项目赤字形成的理论解释。结合2020年样本国家的总储蓄和总投资缺口（见图3-1），大多数样本国家储蓄投资的缺口为负，国际资本净流入，经常项目逆差。根据2021

年发布的《世界经济展望》，新兴和发展中经济体长期保持高储蓄，2020 年的投资储蓄缺口与生产总值的占比高达 24.496%，"富而赤字"的发展中国家的缺口相对较小，绝大多数国家贴近 45 度线。这说明国际资本流动是不对称的，样本国家不是国际资本的希望之地，对境外资本的吸引力有限。

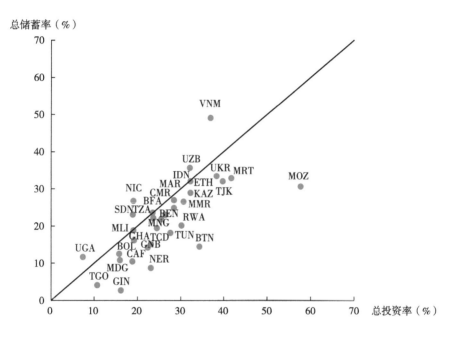

图 3-1 2020 年"富而赤字"发展中国家的总储蓄率—总投资率

（资料来源：世界经济展望 WEO）

从国内看，造成低储蓄的原因有两种：一是本国经济增长水平低，因此储蓄低；二是虽然经济增长水平高，但消费能力强，因此储蓄率较低。第二种情形更适用于解释美国等发达经济体的低储蓄问题。储蓄—投资缺口下，该国只有通过国际借款弥补缺口，长期国际借款需求增加。总之，样本国家低增长下的低储蓄导致储蓄投资负缺口，经常项目赤字。并且，对于资源输出国来说，由于收益在很大程度上由资源价格决定，储蓄剩余具有一定的偶然性（郭树清，2007）。

3.2.2 贸易开放度高，贸易协定碎片化

外贸压抑是阻止穷国致富的瓶颈之一（McKinnon，1973）。对此，发展中国家广泛加入全球贸易自由化进程，缓解外贸压抑。首先，加入世界贸易组织（WTO）体现了一国贸易开放的基本态度和水平。世界贸易组织国际自由贸易体系，是唯一处理国家间贸易规则的全球性国际组织。世界贸易组织公布的成员国名单中，29 个样本国家在 WTO 运作初期就已经选择加入，承诺遵守国际贸易规则，享受成员国之间的最惠国待遇，5 个国家在 21 世纪初加入，目前不丹、赤道几内亚、埃塞俄比亚、伊拉克、苏丹和乌兹别克斯坦是 WTO 的观察国。从整体上看，样本国家支持贸易开放，对接国际贸易规则，希望获得国际贸易便利。

其次，较高的贸易开放度体现了一个国家或地区参与全球化的水平和贸易畅通的程度。在此，本书采用进出口总额与生产总值的比值表示。图 3 - 2 绘制了各年份样本国家整体的商品贸易额及贸易开放度变化情况。自 1990 年开始，资源丰裕的发展中国家贸易开放度大幅提升，并在 1998 年后一直保持在 50% 以上。根据世界银行数据库，2020 年，世界整体贸易开放度是 52%，高收入国家整体贸易开放度是 55%[①]，样本国家为 56.65%。样本国家整体贸易开放程度高，融入贸易全球化，与国际市场相互依存。

从关税水平看，虽然低收入国家的加权平均适用关税率高于世界平均水平，降低幅度低于世界平均降幅，撒哈拉以南非洲地区的平均关税依然在世界范围内偏高，但这不能完全代表贸易壁垒。较高关税是资源丰裕型发展中国家保护本国企业、增加政府收入的手段。高收入国家有着更高的非关税壁垒，尤其近年来的绿色壁垒。如 2021 年欧盟委员会通过碳边境调节机制（Carbon Border Adjustment Mechanism，CBAM）的提案，为防止"碳泄漏"针对性地对进口目标产品征收碳关税。

再次，多项区域贸易协定促进了区域贸易往来，但导致自由贸易体系的

---

① 资料来源：World Bank，https：//data.worldbank.org/indicator/NE.TRD.GNFS.ZS? name _ desc = false，2022 - 05 - 31。

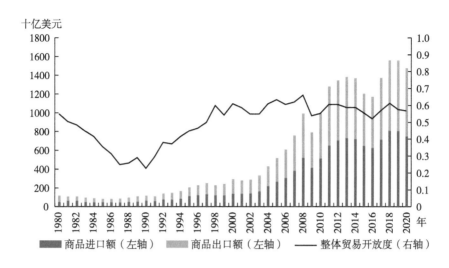

图 3 – 2　样本国家整体对外贸易情况（1980—2020 年）

（资料来源：世界银行世界发展指标数据库）

碎片化。根据世界贸易组织区域贸易协定数据库①，样本国家共涉及 36 个有效执行的多边贸易协定及 50 个双边贸易协定，如西非国家经济共同体、发展中国家间全球贸易优惠制、东部和南部非洲共同市场、中部非洲经济与货币共同体等，欧洲国家乌克兰有最多的双边贸易协定。当下整体各国的贸易协定较为碎片化，样本国家的区域开放程度更高，尤其在非洲有明显绑定的国家群体。

最后，世界贸易体制的最终目标是提高世界人民的生活水平，扩大贸易只是手段，然而，这一目标在实践中有所偏差（丹尼·罗德里克，2016）。为进一步融入发达国家所在的全球市场，获取"进入发达国家市场"的些许微利，发展中国家接受较为严苛的前置条件，缺少决策自主权（丹尼·罗德里克，2016）。单纯关税水平的降低、削弱贸易壁垒的各项政策不一定是为样本国家量身定做的。贸易开放是克服国内生产不足，谋发展的重要一步，但绝对数值上的贸易开放程度不等同于该国在国际贸易中的收益水平。市场全球化和全球生产网络为经济追赶创造了一个更适宜的环境，但这并不意味贫困和赤字问题

---

① 资料来源：世界贸易组织区域贸易协定官网，http：//rtais. wto. org/UI/PublicMaintainRTA-Home. aspx。

就能解决。一国需要的总是基于当地实际、明确政策优先次序的解决方案,而非简单的来自支持"华盛顿共识"的西方国家的统一意见。

3.2.3 付息型融资规模扩大,偿债压力增加

根据《国际收支和国际投资头寸手册(第六版)》,经常项目与资本和金融项目互为融资关系。除了调整经常项目内部组成为贸易赤字部分融资,还可以通过调整对外债权为经常项目融资(Financing Current Account Deficits),即为储蓄投资缺口融资。中国以美国国债积累对外债权为经常项目顺差提供融资(罗纳德·麦金农 等,2014),赤字国以形成对外负债为经常项目逆差融资。对外借款和外国直接投资作为主要的资本流入方式,均记在资本和金融项目下的贷方,是为经济体贸易逆差融资的重要来源。

理论上,资本流入会影响一国国际贸易的长期发展趋势和经济实力,改善未来期的经常项目,避免赤字的循环,实现跨期的均衡。但对于样本国家来说,结果似乎不尽如人意。首先,在图 3-3 中,样本国家外债占比曾高达81.23%,随后债务风险开始下降,然而,近十年,外债占比继续上升,债务风险加大。国际融资成本不断降低,放松了样本国家国内融资约束,使其获得国际贷款的规模增加,抬升了偿债压力,增加了债务风险。

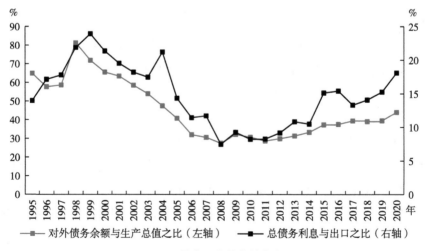

图 3-3 样本国家整体债务负担

(资料来源:世界银行世界发展指标数据库)

其次，外国直接投资作为 20 世纪 80 年代以来最普遍的资本流入形式，净流入规模在 2000 年后上涨明显（见图 3 - 4）。作为一种融资方式，FDI 同样可被视为付息型融资。融资成本是对未来产出收益的索取权。外国直接投资的产出收益有两个去处。一是收益汇回，直接导致经常项目借方总值增加，加剧经常项目赤字。因此，汇回投资收益占投资总额的比例越高，吸引外资的代价越高，以 FDI 融资的成本就高。二是利润再投资，贷记在资本和金融项目下，增加了资本流入，利于资本项目顺差。因此，如何提高投资的效率，增加出口，以及如何鼓励外资企业继续留在东道国，形成持续的投资和生产力至关重要。

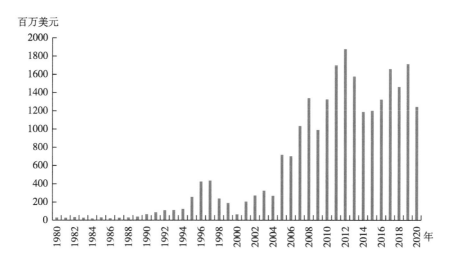

图 3 - 4　样本国家每年平均 FDI 净流入

（资料来源：世界银行世界发展指标数据库）

长期经常项目赤字伴随对外资流入的长期依赖，产生了未来巨大的资本流出负担。实现赤字可持续有两种方案。一是持续的一定规模资本流入，但会增加债务负担；二是通过经常项目顺差弥补资本项下的偿付要求，这是理想的结果。但目前对样本国家的观察结果显示，它们明显未能实现这一转变。由此，样本国家增长的大规模外资流入使其承担了过多的国际收支支付义务，是对未来的透支，隐藏金融风险（黄克安和陈春锋，2003）。

3.2.4 外资投资环境复杂，行业分布集中

一国对外资的吸引力取决于多方面，如东道国的宏观经济表现、重点或特色产业、政府的发展规划、东道国国内市场规模、对外经贸关系、国内金融环境、要素成本等。各国设立专门的投资主管部门出台相关投资法案来审批和管理外国投资，规定投资行业和投资方式。表3-2列举了部分国家对外国投资行业和投资方式的相关规定。

表3-2 部分国家对外资投资的规定

国家	(鼓励)外资主要投资行业	限制或禁止外资投资行业	特殊规定
蒙古国	矿业开采、重工业、基础设施、建材、石油、农牧业加工和出口、纳米技术、生物技术和科技创新、电厂及铁路	生产麻醉品、鸦片和枪支武器等行业	实行外汇上缴与外汇留成制度①
印度尼西亚	金属制品业、水电气供应、交通仓储通信业、房屋园区建筑业和矿产业	毒品种植交易业、受保护鱼类捕捞业、以珊瑚或珊瑚礁制造建筑材料、含酒精饮料工业等	对65种矿产品出口加征20%的出口税并要求外国投资者在印度尼西亚投资设立冶炼加工厂等措施
乌兹别克斯坦	无线电电子、电脑配件、轻工业、丝绸制品、建材、禽肉及蛋类生产、食品工业、肉乳业、渔产品加工、化学工业、石化、医疗、制药等	能源及重点矿产品(如铀)开发；禁止航空、铁路等领域	外资在能源及重点矿产品(如铀)开发项目中所占股份一般不超过50%；外资投资在建项目不受用工比例限制，但运营后有用工比例限制，个别行业用工比例高达1:20
尼日尔	石油、矿产、基础建设、工业和农业	木材生产	尼日尔政府占不少于20%的干股

① 蒙古国外汇留成制度指企业和合作社根据国家出口指标获得的没有超过指标的外汇收入，一般要全部上缴国家；超过指标的外汇收入可全部保留。没有出口指标的企业和合作社，可分别保留其出口收入的50%和90%。旅游机构的外汇收入必须上缴40%，国际航空公司的外汇收入上缴90%。

续表

国家	（鼓励）外资主要投资行业	限制或禁止外资投资行业	特殊规定
加纳	电信、饮料、化妆品、黄金开采、石油开发等	经营小买卖或在小售货亭销售；出租汽车和汽车租赁；美容美发；电信充值；药品零售；袋装水生产供应和零售等	外国公司只能根据投资额确定的移民配额安排相应数量的外国员工；建立合资企业，注册资本应不少于 20 万美元，且加纳合作伙伴所占比例不低于 10%；建立合资或独资贸易企业，注册资本不低于 100 万美元，最少应雇用 20 个加纳人
坦桑尼亚	农业和以农业为基础的工业、采矿业、石油天然气、旅游、基础建设、交通、航空、通信、金融和保险服务业	制造和加工迷幻药；武器和军火的制造；砍伐木材，生产以木材为主的胶合板、合板，使用原木作为原材料的行业需经旅游及自然资源部的批准	坦桑尼亚公民要在外资设立的旅游、电信业、矿业企业中占有一定股份；外资必须与当地人共同经营从事药品生产的；政府至少在每个矿业投资项目中占 16% 的股份，特许开采费用比例提高至 6%
伊拉克	石油、电力、交通设施建设行业	军工、自然资源、土地（库区除外）、私人安保、部分信息技术、咨询服务、商业代理、清关代理等	对于生产性企业，外国投资者投资不少于 25 万美元，伊拉克雇员不少于全部雇员的 50%，并享受各项福利待遇
津巴布韦	农业、制造业、矿产业、旅游业、能源制造业、基础设施开发、健康医疗业	交通运输、美容美发、职业介绍、房地产经纪、谷物碾磨、面包生产、烟草分选和包装手工采矿等 12 个保留行业	在矿业领域，外资在企业所占股份不得超过 49%

资料来源：各国对外投资合作国别（地区）指南（2020），《国别投资经营便利化状况报告（2018）》。

　　为吸引外国资本流入，东道国通常建立外资优惠政策框架或与特定部分国家签署双边投资保护协定，常见做法有提供税收优惠或减免、设定免税期等。更普遍、更受欢迎的投资领域依然是东道国更具有禀赋优势、投资风险较低的产业。特别是流向资源丰裕的非洲国家的外资，更多依托当地资源禀赋，集中在农业和能源部门，东道国加工能力不足，难以获得产品增加值。

　　部分国家最大限度地鼓励外资为国内创造就业机会。如中非共和国对外国

"自然人"在当地开展投资合作无特殊规定，外资可获得农业耕地和林地的所有权和承包经营权，期限最长为 99 年，且通常无附加条件。尽管如此，中非共和国严峻的安全形势、落后的基础设施和不理想的商业环境仍是影响外资流入的主要瓶颈。

就国内市场不理想的国家而言，借助外资，带动内资发展，保护国内居民利益更需要政府的智慧。由表 3 - 2 可知，设定当地劳工比例、国内资本比例以及保证政府监管等是发展中东道国采取的保护措施。其中，较多国家设定了在矿业开采领域的最高外资占比，津巴布韦更是将比例上限设为49%。外资本土化成为外资"落地"需要考虑的风险，给跨国公司经营造成了不确定性。

中国企业也在"走向"这些"富而赤字"的发展中国家。截至 2023 年 1 月 27 日，在中国商务部公开的投资项目信息库中，公开项目地点为样本国家的投资项目共 200 余项，图 3 - 5 为具体的行业分布。在所属行业划分中，投资电力、热力、燃气及水生产和供应业的项目最多，其次是制造业、交通运输、仓储和邮政业，随后是采矿业。投资项目最多的五个国家依次是乌兹别克斯坦、乌克兰、印度尼西亚、埃塞俄比亚和几内亚，亚洲地区是主要的投资目的地。项目类型主要是股权投资项目。

由上文可知，中国在样本国家对外投资以基础设施建设为主，以满足人们日常生产生活需要，如提供电力、热力，建设供水系统，仓储等服务，这符合中国"要想富，先修路"的脱贫经验。中国企业更多投资实体经济，而非金融等服务业，通过实体经济助力东道国形成坚实的增长基础。这是中国国内扶贫政策重要的一项宝贵经验。政府以实物形式对贫困地区进行基础设施建设投资，既为当地经济增长创造物质基础，又为贫困人口提供短期就业和收入，被称为"以工代赈"（朱玲和蒋中一，1994）。另外，制造业投资以生产农副食品为主，依据东道国原材料确定行业。但同时缺少高新技术领域投资，且在教育、卫生、文体行业投资不足。这可能与教育文体类投资收益有限、东道国整体人力资本水平不高、教育观念和意识不足等有关。

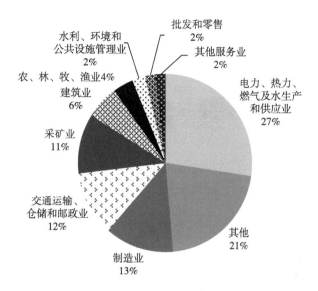

图 3 - 5 中国在样本国家的投资项目行业分布①

（资料来源：通过整理商务部投资项目信息库所得，https://project.mofcom.gov.cn/）

3.2.5 个人汇款和官方援助成为主要资金流入方式

经常项目由商品、服务、初次收入和二次收入四个子项组成。其中，商品差额是经常项目赤字的核心。图 3 - 6 对部分国家的经常项目赤字进行分解。首先，贸易赤字是经常项目赤字的主要原因，难以扭转。单一的资源结构无法匹配国内丰富的需求结构，通过进口满足多样需求，提高消费者效用水平。其次，除了伊拉克因国内政治环境混乱、地缘冲突频繁，在 2006—2014 年，官方和私人部门经常转移净流出，官方接收的境外转移支付骤降外，其他样本国家均能获得二次收入资金净流入，且以官方经常转移为主。最后，大多国家近五年赤字加重，如埃塞俄比亚、突尼斯，仅塔吉克斯坦和赞比亚经常项目改善。但仔细观察子项发现，塔吉克斯坦初次收入差额为正，埃塞俄比亚的二次收入大幅增加，在一定程度上抵消了大幅增加的赤字，有助于经常项目改善。

① 其他服务业为教育、卫生、文体和科学研究行业，不包含在其他行业中。

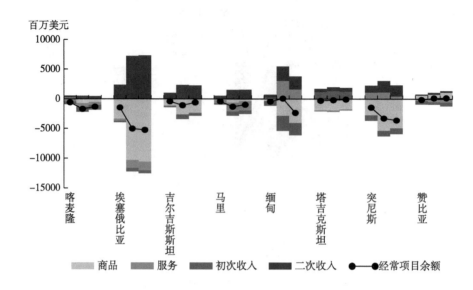

注：单一国家的柱状图依次为1980—2020年平均水平、2019年和近五年平均水平。

图3-6　主要国家的经常项目差额组成

［资料来源：国际货币基金组织（IMF）］

初次收入和二次收入为经常项目再平衡提供了思路。商品和服务的赤字可能被初次收入和二次收入的盈余抵消，经常项目内部的官方和私人流动转移可以可靠地为经常项目赤字部分融资。在初次收入和二次收入中，资金流入的主要方式分别为境外个人汇款和官方援助。图3-7和图3-9分别展示了个人汇款流入和接受的官方发展援助（Official Development Assistance，ODA）规模的变化情况，图3-8是样本中2020年个人汇款流入规模排名前10位的国家。从整体上看，个人汇款规模已超过官方发展援助规模，由市场驱动的自发的私人部门逐渐成为向一国提供资金支持的重要力量。

具体地，个人汇款为个人转移支付和员工薪酬之和。一国收到的个人汇款是由居民家庭以现金或实物的形式进行的所有经常性转移，不会成为收款者的负债。其中，薪酬指被非居民经济体的工人以及非居民实体雇佣的居民的收入，来源于人员的跨境流动，这是全球一体化的重要体现。移民在为东道国创造价值的同时，会通过个人汇款帮助原籍国的经济发展。样本国家整体贫困，部分居民为改善生活环境成为经济移民（Economic Migrants），并且这一规模明显扩大。1980—2020年，样本国家中个人汇款净流入总规模排名前列的国

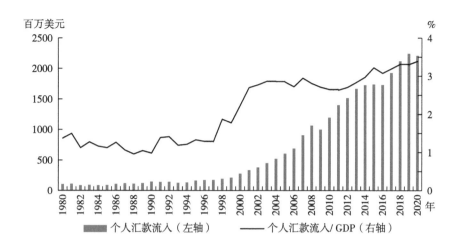

图 3 - 7 样本国家每年平均个人汇款总流入及其与 GDP 之比

(资料来源：世界银行世界发展指标数据库)

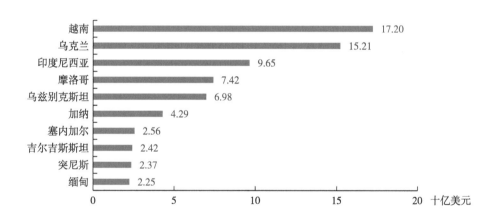

图 3 - 8 2020 年个人汇款规模排名前十的样本国家

(资料来源：世界银行世界发展指标数据库)

家是印度尼西亚、摩洛哥、越南、乌克兰和乌兹别克斯坦。2020 年，越南个人汇款流入已高达 172 亿美元，吉尔吉斯斯坦的个人汇款净流入占该国 GDP 的比例为 26.7%。就部分国家而言，个人汇款已经成为其重要的收入来源，而且是一项稳定的、逆周期的外汇收益来源（Ratha，2009），对国计民生发挥重要作用。

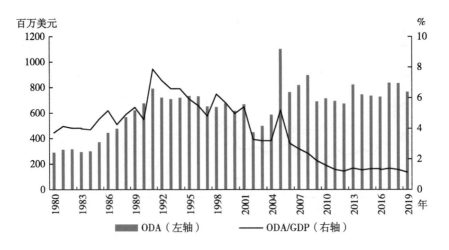

图3-9　样本国家每年平均 ODA 总流入及其与 GDP 之比

（资料来源：世界银行世界发展指标数据库）

　　官方发展援助包括以优惠条件发放的贷款（扣除本金偿还额）和发展援助委员会成员的官方机构、多边机构和非委员会成员国家的赠予，要求包含不低于赠予成分25%的优惠贷款（按10%的贴现率计算），以促进受援国家和地区的经济发展和福利提升。除伊拉克外，其他样本国家均能获得二次收入资金净流入，且以官方经常转移为主。

　　这一资金流量名义值相对稳定，但考虑到全球通胀、美元长期贬值的事实，其发挥的实际效用在降低。同时，援助并非真正的"优惠"。受援国在接受援助时，必须接受国际组织和西方援助国提出采用"华盛顿共识"的附加条件，以及按照西方国家意图进行经济政治改革的条件（丹比萨·莫约，2010）①。如此一来，受援国缺少了决策自主权，融资成本不仅仅是援助合同注明的利率水平，更是增加了难以计量的附加成本。

------

　　① "华盛顿共识"包括十方面内容：加强财政纪律，压缩财政赤字，降低通货膨胀率，稳定宏观经济形势；把政府开支的重点转向经济效益高的领域和有利于改善收入分配的领域（如文化、教育、卫生和基础设施）；开展税制改革，降低边际税率，扩大税基；实施利率市场化；采用一种具有竞争力的汇率制度；实施贸易自由化，开放市场；放松对外资的限制；对国有企业实施私有化；放松政府的管制；保护私人财产权。

3.2.6 汇率制度安排多样

稳定的汇率有利于贸易和长期投资，但中央银行会承受巨大压力；浮动汇率制度意味着市场化，国际资本市场的频繁波动会影响投资者预期和进出口，外围国家只能被动接受汇率变化产生的市场冲击。表3-3整理了样本国家的汇率制度安排。

表3-3 各国汇率制度安排汇总

类别	国家
传统钉住制——西非法郎区	贝宁、布基纳法索、几内亚比绍、马里、尼日尔、塞内加尔、多哥
传统钉住制——中部非洲经济与货币共同体	喀麦隆、中非共和国、乍得、赤道几内亚
稳定汇率	摩洛哥
传统钉住	不丹（印度卢比）、伊拉克（美元）
爬行钉住	玻利维亚（美元）、尼加拉瓜（美元）
官方浮动汇率，事实上稳定式汇率制度	吉尔吉斯斯坦、马拉维、塔吉克斯坦、坦桑尼亚、越南、苏丹
官方浮动汇率，事实上爬行式或类似爬行式汇率制度	埃塞俄比亚、几内亚、利比里亚、毛里塔尼亚、尼加拉瓜、蒙古国、卢旺达、突尼斯、乌兹别克斯坦
其他管理汇率制度	津巴布韦
浮动汇率	加纳、印度尼西亚、马达加斯加、莫桑比克、塞拉利昂、乌干达、乌克兰、赞比亚

注：括号内为该国选择的锚货币。

资料来源：IMF（2020），Annual Report on Exchange Arrangements and Exchange Restrictions。

首先，更多国家害怕浮动，虽然有些官方宣布实行浮动汇率制，但事实上仍选择具有调整空间的汇率安排。这样有助于保持本国出口产品的竞争力和维护本国进出口商的利益。其次，出于其政治联系和主要贸易对象国的考虑，美元和欧元是主要的锚货币。亚洲的不丹选择钉住印度卢比。西非法郎区和中部非洲经济与货币共同体是非洲两个重要的货币合作组织。西非法郎区的成员国牢牢地将汇率定为1欧元和655.975西非法郎，并且没有汇兑限制（IMF，

2020)。最后，除本币外，美元也是利比里亚和玻利维亚的法定货币，这些国家被认为是美元化国家。事实证明，在全球化背景下，这些发展中国家普遍存在相对稳定而灵活的汇率制度的需求。这样既能稳定投资者预期，又能有利于增强其应对冲击的能力，但对持续经济增长的作用仍需验证。

在去全球化逆潮下，中低收入国家的发展关系到全球经济共同体和命运共同体建设的成果与前途。中低收入国家的发展赤字是本书的焦点。本书将聚焦全球经济的脆弱分支，重点关注"富而赤字"的发展中国家，通过对特征事实的观察，尝试从内部视角和外部视角对再平衡机制和结果进行剖析，探寻其在积极开放、获得国际资本过程中的发展事实，挖掘其融入全球经济、获得福利改善的能力。

3.3　本章小结

本章确定研究对象为在全球化发展进程中，发展状况与绝对优势和永久性收入假说相悖的"富而赤字"的发展中国家。当用更多元的视角理解广大的发展中世界时，本书发现"富而赤字"的发展中国家成为全球化中的"失落地带"。它们积极参与全球化，但没有实现与开放完全同步的增长，经常项目长期保持赤字，偿付压力大，甚至在深度贫困中挣扎。低增长下的低储蓄产生储蓄投资负缺口，增长是赤字问题形成的关键。

全球化收益在参与者之间分配不均，禀赋优势没有带来对应的市场优势，福利水平甚至下降。劳动生产率低、技术差距大等是经常项目赤字形成的根本原因，当赤字国通过外部资金流入渠道为本国赤字融资时，又衍生出一系列问题。引入外债与外国直接投资都需要承担未来偿付压力。外资企业更多参与东道国丰裕要素密集型产品的生产和出口，或者基础设施等行业，在教育、高新技术等行业投资受限。外资的本土化规定在帮助积累国内资本、维护东道国政府参与和监管能力的同时，成为影响外资流入的阻碍。只有经济增长才能实现减贫。为经常项目赤字融资的四种渠道——债务型融资、外国直接投资、个人汇款和官方援助是否有助于本土资本积累和生产力的持续形成，帮助实现跨期均衡，值得进一步讨论。

第 4 章　经常项目赤字跨期再平衡的
理论框架

在以上典型事实的基础上，传统的经常项目跨期均衡模型为本书提供了理论指引。不同于国际分工下的中心—外围理论和传统的失衡研究思路，即先认识失衡本质，再研究调节机制，本书从国际收支表现切入，并从资源丰裕型发展中国家经常项目长期赤字的现象中发现问题，继而探寻赤字形成的原因，主要探究国际资本流入为经常项目赤字融资的再平衡效应；从样本国家所处国际收支阶段出发，结合经常项目跨期均衡模型和费雪双周期模型，研究外债和外国直接投资的再平衡效应，从官方援助和个人汇款的角度探讨经常项目赤字的可持续性。

4.1　国际收支阶段假说

全球经常项目失衡是构成全球经济和金融风险的重要因素。21 世纪以来，发达国家如美国巨额的经常项目赤字和新兴经济体，尤其中国的巨大贸易顺差是国际金融领域关注的焦点，学者更是为此构建了诸多理论模型来解释失衡形成的原因并研究再平衡的可能性（Debell and Faruqee，1996；Song et al.，2011；路风和余永定，2012；朱超　等，2018）。与部分学者对失衡的过度担忧不同，Crowther（1957）认为，一国"从贫到富"，国际收支会经历六个阶段，对应一个原始状态的欠发达经济体层层升级后发展为发达经济体的过程。"国际收支阶段假说"（Balance of Payments Stages Hypothesis）如表 4 - 1 所示。

表 4 –1　　　　　　　　　　国际收支发展阶段

阶段	类别	净货物和服务项目	净投资收益项目	净资本流动
1	未成熟债务—借款国	-	-	+
2	成熟债务—借款国	+	- -	+
3	债务—贷款国，债务—偿还国	+	-	-
4	未成熟债权—贷款国	+ +	+	+
5	成熟债权—贷款国	-	+ +	-
6	债权—借款国	- -	+	+

注：在净货物和服务项目下，"＋"表示该项目顺差，"－"表示该项目逆差；在净投资收益项目下，"＋"表示净收入，"－"表示净支出；在净资本流动下，"＋"表示资本净流入，为借款（或收到还款），"－"表示资本净流出，为贷款（或还款）。两个标识符号表示比一个符号更大程度的支付。

资料来源：Crowther（1957），杨海珍等（2017）。

在一片未开发的土地上，没有任何资本，生产方式落后，样本国家经常项目赤字，主要指贸易赤字，即净货物和服务项目标记为"－"；外来资本在东道国投资，投资收益汇回，净投资收益项目为"－"；在国际金融市场融资，净资本流动项目为"＋"，资本净流入，对应第一阶段，属于"未成熟债务—借款国"。本书的研究过程可概括为探索样本国家如何成功实现从第一阶段到第二阶段的跨越，即从"未成熟债务—借款国"到"成熟债务—借款国"，净货物和服务项目下标记从"－"到"＋"。

在国际收支阶段假说中，第一阶段的资本投资是第二阶段净货物和服务项目由负转正的前提。境外资本净流入改变国际投资头寸表，组成一国对外负债。麦金农（2014）曾论述，从伦敦流向其他地区的私人资本为英国 19 世纪持续的经常项目盈余提供融资，中国主要以美国国债积累对外债权为经常项目顺差提供融资。与顺差国相反，经常项目赤字的国家在国际收支平衡表上表现出净资本流入和储备资产的减少。虽然减少储备资产能满足赤字的融资需求，但这是货币当局可随时控制的，且是对国内已有资本的调节，属于资产的损失，而且第一阶段的"未成熟债务—借款国"尚未形成储备资产。因此，本书在研究经常项目赤字国时，将聚焦债务型融资、外国直接投资、官方援助和个人汇款四种资金流入的融资效果。改善未来期的经常项目，避免赤字的循环，实现跨期平衡是理想的结果。

4.2　模型设定与假设

4.2.1　模型设定

在理性经济人的假设下，消费者会通过储蓄和借贷实现跨期效应最大化，平滑消费。储蓄投资缺口理论便是基于这一微观基础。Obstfeld and Rogoff（1995）构建了有影响力的经常项目跨期均衡模型，并定义一国经常项目差额是居民对外国收入或产出债权的增加，减去外国对本国收入或产出债权的增加。经常项目赤字对应外国对本国收入或产出债权的净增加。其中，债务型融资是公认的债务形式，外国直接投资产生了外国对本国未来产出的债权。

现有文献大多将债务型融资视为一种金融工具，如贷款和债券的融资行为，关注其形成的债务—债权关系（Garg and Prabheesh，2021；Yilmazkuday，2021），或者将各种对外债务—债权关系统一概括为对外净资产或负债（Obstfeld and Rogoff，1995；Bussere et al.，2004；Borio and Disyatat，2015）。但现有文献对外国直接投资的负债属性关注度不够。事实上，东道国当期接收的 FDI 流入贷记国际收支平衡表的资本和金融项目，形成的资本存量记在国际投资头寸表中的负债方，属于本国负债。跨国公司具有对本国未来产出的债权，其"利息"是部分潜在未来产出。因此，债务型融资和外国直接投资可合称为"付息型融资"。

已知样本国家的外国直接投资规模不断扩大，大量引进的外国直接投资同举债一样会产生偿债风险。本节将在构建理论模型时关注外国直接投资的负债属性，同债务型融资一样需要提供相应的"收益率"。

本书在 4.2 节应用的理论模型是以 Obstfeld and Rogoff（1995）经常项目跨期平衡为基础的扩展模型，纳入资本和金融项目下的两种主要融资方式——债务型融资和外国直接投资融资，以一国整体效用最大化为目标，通过推导理论模型试图回答三种融资机制能否提高整体效用水平，以及融资机制有效时的必要条件是什么。

首先，本书的研究对象是小国开放经济体。McKinnon（1973）指出，除了资本积累不足和工业化滞后，广大发展世界存在国内金融压抑和外贸压抑。一是国内金融市场发展程度有限，且面临国际金融市场的市场准入限制。二是"富而贫穷"的小国缺少有影响力的跨国公司，且在国际贸易市场缺少话语权，面临各种国际贸易规则限制。因此，在债务型融资中，不考虑私人融资，私人部门很难在国际市场上发行公司债券。由于较高程度的信息不对称，即使发行国际债券，对国际投资者的吸引力也十分有限。

其次，经常项目赤字是样本国家的基本事实和研究前提，本书将以一国经常项目赤字为研究的出发点。样本国家处于国际收支阶段中的第一阶段，是"未成熟债务—借款国"，资本净流入。

最后，与传统的经常项目跨期平衡模型相比，强调外国直接投资对东道国的双重效应，包括部分未来产出作为获得外来资本的利息压力。与流向富国的资本不同，资源丰裕型经济体的主要优势来自上天的馈赠，不同于长期可持续并且能形成规模经济的高实际资本回报率。资源丰裕型的发展中国家随着资源的消耗，对外资的吸引力会减弱，外资公司的利润将更多流向更有活力的富国，东道国接受外国直接投资的成本将会更高。因此，引入小国接受 FDI 的融资成本 r_{FDI}。观察国际收支平衡表，外国直接投资收益的汇回借记经常项目，加剧经常项目赤字。汇回投资收益占投资总额的比例越高，吸引外资的代价越高，以 FDI 融资的成本就越高。

4.2.2 模型假设

本书从一国整体的跨期消费最优化决策入手，结合经常项目跨期恒等式，研究债务型融资和外国直接投资的再平衡问题。为更好地符合"富而赤字"的中低收入和低收入国家的实际情况，模型的基本假设为：

（1）研究对象是小国开放经济体；

（2）只生产和进口单一组合的商品，即国内资源较为单一，且居民的消费结构以基本生活生产资料为主，无奢靡需求；

（3）贸易开放度较高，愿意与其他国家进行贸易往来；

（4）国内金融市场存在摩擦，国内经济主体很难快速有效地获得国内融资[①]；

（5）在国际市场上进行债务型融资时，官方统一被动接受以国际市场利率水平举债；

（6）将一国居民视为理性同质的消费者，一生划分为两个时期，对应的整体消费分别为 C_1 和 C_2；

（7）该国第一期期末的国际收支的经常项目逆差；

（8）境外投资者进入国内金融市场的渠道十分有限，不考虑以证券投资组合形式形成的资本流入；

（9）"富而赤字"国家的资本输出不包括 FDI 流出。假定样本国家储蓄不足，吸收国外资本，而非对外输出资本。

4.3　经常项目赤字融资的再平衡模型

4.3.1　跨期预算约束问题

根据以上设定，研究样本国家在第一期的经常项目为逆差，基于平滑消费的目标，第二期的经常项目差额需为正，即经常项目顺差，对外商品和服务净输出。已知经常项目差额等于各种对外净资产或债券的增加。第一期经常项目赤字差额等于各种对外净债务的增加，恒等式为：

$$CA_1 = (B_1 - B_0) + fdi = Y_1 - C_1 - I_1 - G_1 \qquad (4-1)$$

第二期经常项目顺差额等于各种对外净资产的增加，恒等式为：

$$CA_2 = B_2 - B_1 = Y_2 - C_2 - I_2 - G_2 + r_f B_1 - r_{fdi} fdi \qquad (4-2)$$

其中，CA_t是经济体在 t 期期末的经常项目差额，B_t是经济体在 t 期期末的对外债权存量，$CA_1 < 0$，$CA_2 > 0$，$B_1 < 0$。设经济体在 $t = 0$ 期时无初始债务，且第二期期末后顺利偿债，债务差额为零，即 $B_0 = B_2 = 0$。Y_t、C_t、I_t、G_t分别

是该经济体在 t 期期末的国内总产出，消费，投资和政府消费支出。r_f 是国际市场利率，是持有对外债权时的收益，也是经济体选择债务型融资时的成本。fdi 是第一期的外国直接投资流入量。r_{fdi} 是引入外国直接投资的融资成本，包括跨国公司投资资本后的净收益汇回。

式（4-1）和式（4-2）分别是消费者在第一期和第二期的预算约束。一是根据《国际收支和国际投资头寸手册》（第六版），经常项目与资本和金融项目互为融资关系。二是根据总需求和总产出的关系，由国民收入方程式推出经常项目差额。

对于样本国家来说，储蓄和投资负缺口的形成原因是低增长下的低储蓄，不同于部分发达经济体高消费下的低储蓄。因此，在跨期均衡时，假定第一期经济体产出较低，需要外来融资渠道，期望第二期有高产出，$Y_1 < Y_2$。第一期需要的债务型融资的资金量为：

$$|B_1| = C_1 + I_1 + G_1 - Y_1 - fdi \tag{4-3}$$

外国直接投资存量属于负债，故第二期需要偿付的金额包括借款的利息和跨国公司直接投资的汇回收益，偿付额表示为 RP，方程式为：

$$RP = (1 + r_f)(C_1 - Y_1 + I_1 + G_1 - fdi) + (1 + r_{fdi})fdi \tag{4-4}$$

由式（4-1）至式（4-4），可得研究对象的跨期预算约束方程为：

$$C_2 = Y_2 - I_2 - G_2 - (1 + r_f)(C_1 - Y_1 + I_1 + G_1) + (r_f - r_{fdi})fdi \tag{4-5}$$

4.3.2 经济体效用最大化问题

根据前文假设，经济体整体的效用函数为：

$$U = U(C_1) + \beta U(C_2) \tag{4-6}$$

其中，β 为主观贴现因子，$U(C_t)$ 为单调递增的凸函数。通过式（4-5）和式（4-6）求解效用最大化问题，可得：

$$\partial U / \partial C_1 = U'(C_1) - \beta(1 + r_f)U'(C_2) \tag{4-7}$$

$$\partial U / \partial fdi = \beta(r_f - r_{fdi})U'(C_2) \tag{4-8}$$

令 $\dfrac{\delta U}{\delta C_1} = 0$，得欧拉方程：

$$\beta U'(C_2)/U'(C_1) = 1/1 + r_f \tag{4-9}$$

由式（4-7）可知，世界市场利率的升高，即债务型融资的成本越高，越不利于效用提升。美国十年期国债收益率是国际资产价格的标尺，也是各类贷款利率的基准，被称为"世界利率之锚"。伦敦银行间同业拆借利率（LIBOR）更是国际金融市场中大多数浮动利率的基础利率，是银行从市场上筹集资金进行转贷的融资成本。特别是在 2008 年国际金融危机后，两种利率下行趋势明显，发展中国家在国际市场上的融资成本越来越低，理论上认为样本国家通过国际融资获得了福利水平的提高。下文进一步讨论外国直接投资的边际效用（见表 4-2）。

表 4-2　　　　　　　　　外国直接投资边际效用的三种情形

情形	表达式	含义
情形一	$r_f < r_{FDI}, \partial U/\partial FDI < 0$	当国际市场利率小于外国直接投资的融资成本时，FDI 流入，效用水平下降。
情形二	$r_f = r_{FDI}, \partial U/\partial FDI = 0$	当国际市场利率等于外国直接投资的融资成本时，FDI 达到平衡状态。
情形三	$r_f > r_{FDI}, \partial U/\partial FDI > 0$	当国际市场利率大于外国直接投资的融资成本时，FDI 流入，效用水平上升。

由此可知，外国直接投资和债务型融资作为两种资金流入形式，具有一定的替代性。降低外国直接投资的融资成本，吸引跨国公司的利润再投资是更为理想的方案。

4.3.3　扩展后的费雪双周期模型

若研究对象是一个封闭经济体，只能国内融资，国内利率为r_d，对应的跨期预算约束为：

$$C_2 = Y_2 - I_2 - G_2 + (1 + r_d)(Y_1 - I_1 - G_1) \tag{4-10}$$

参照《新帕尔格雷夫经济学大辞典》中对辞条"外部平衡的跨期分析"的阐述，本书利用 Fisher（1930）的双周期模型，将扩展后的两期平衡模型用图解表示（见图 4-1），展示了在仅有国内融资渠道、仅有国际债务型融资、债务型融资和外国直接投资同时存在的三种情形下，代表经济体如何实现跨期的外部平衡。

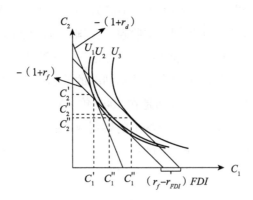

图 4 - 1　双周期模型（$r_d > r_f > r_{fdi}$）

图 4 - 1 中，横纵坐标轴分别表示第一期和第二期的消费量，较平缓的直线斜率是 $-(1 - r_f)$，较陡的直线斜率是 $-(1 - r_d)$。U_1、U_2、U_3 分别是三种场景下的无差异曲线。根据不同情形下的跨期经济预算线和无差异曲线，本书得到：封闭经济时，以国内利率 r_d 融资能实现的最大效用水平为 U_1，最优消费组合为 (C'_1, C'_2)；当具有以利率 r_f 从国外借款的机会，$r_d > r_f$ 时，该经济体能实现的最大效用水平为 U_2，最优消费组合为 (C''_1, C''_2)；外国直接投资流入后，当 $r_f > r_{fdi}$ 时，举债和吸引直接投资同时融资时可获得的最大效用水平为 U_3，最优消费组合为 (C'''_1, C'''_2)。其中，$U_1 < U_2 < U_3$，$C'_1 < C''_1 < C'''_1$，$CA'_1 < CA''_1 < CA'''_1$。

因此，理论上，只有当 $r_d > r_f > r_{fdi}$ 时，经济体融入全球化会放松国内的融资约束，以更低的成本满足国内的消费需求，提高整体福利，获得更高的效用水平。假设代表经济体的偏好和技术保持不变，生产可能性边界不变，那么，不断增加的第一期消费量对应越来越高的超额需求，出现经常项目赤字。这意味着代表性经济体更偏好于接受第一期经常项目赤字来提前满足消费需求，用第二期的顺差补偿第一期的逆差。

Crowther（1957）提到一国国际收支从第一期成功跨越到第二期的实现条件，即第一阶段的资本投资获得了成熟的收益。铁路等基础设施建成，已有资源被开发，如未开垦土地被开垦播种、森林被砍伐、货物开始出口。当出口开始超过进口时，表 4 - 1 中净货物和服务项目的符号由负变正。然而，这时贸易差额仍不足以偿付上一阶段融资的全部利息，该国继续借款，但这时借款规模已缩减。虽然该国仍是债务—借款国，但由于国内发展步入正轨，出口能力形成，出口贸易顺利开展，该国已是一个"成熟债务—借款国"，这是一个质的飞跃。美国在 1873—1974 年就属于这一阶段。因此，国内生产能力和出口能力形成是摆脱净货物和服务项目为负、长期经常项目赤字的关键。

4.4　经常项目赤字融资的可持续模型

4.4.1　扩展后的经常项目赤字的核算恒等式

与资本和金融项下、债务型融资和外国直接投资不同，来自经济移民的个人汇款和属于转移性收入的人道主义援助是具有帮扶性质的资金流入，不是单纯的市场行为，不要求高回报。因此，本书区分了这两种类型的资金流入方式，分别探讨其影响。

作为经常项目子项，个人汇款和官方援助的流入作为一国资金来源贷记经常项目，平衡贸易赤字。在理论模型中，本书仅探讨人道主义援助作为无息获得资金的方式。该经济体在收到个人汇款和人道主义援助时，没有上文谈及的偿债压力，不需要考虑跨期平衡。理论上，赤字国对两者的最低要求是不继续恶化经常项目，不再扩大赤字额。因此，当研究个人汇款和人道主义援助对经常项目的作用时，本书选择建立经常项目赤字可持续模型。

余永定和覃东海（2006）在探究中国双顺差可持续性时，将收敛性作为一个动态过程是否会进入稳定状态的判断依据，本书将依照其范式继续研究小国经常项目赤字的可持续问题，增加经常项目中转移支付的影响。对于样本国家来说，个人汇款逐年递增，已成为主要融资方式，需要被重视，并且援助一直是样本国家长期以来的资金来源，是四种资金流入形式中最稳定的。因为劳动力流出大于劳动力流入，所以这里假设个人汇款为净流入。

根据国际收支平衡表，经常项目差额等于贸易差额、投资收益和转移支付之和。以经常项目赤字为此模型的初始状态，经常项目赤字的核算恒等式为：

$$ca = (x - m) - [s_r\pi_f + (1 - s_r)\pi_f] + w_f l_f + aid \qquad (4-11)$$

其中，与式（4-1）不同，式（4-11）是根据核算规则建立的，不涉及总产出与总需求的条件。x 是出口额，m 是进口额，贸易逆差是经常项目逆差的核心组成。

结合上文，外资企业投资东道国会形成对东道国未来产出的债权，s_r 是外资企业的利润再投资率，π_f 是外资企业的总利润，$s_r\pi_f$ 为外资企业利润再投资部分，$(1 - s_r)\pi_f$ 是利润汇出部分。跨境个人汇款额 $pr = w_f l_f$，w_f 是国内外收入水平差额，l_f 为经济移民的劳动力。样本国家为低收入或中低收入小国，对外净输出劳动力，部分国内居民选择前往更发达的国家谋生，假设保留原有的生活水平，汇回国内部分等于额外获取的部分收入。aid 是危机时收到的人道主义无偿援助。在理论模型中，为强调与付息型融资渠道的区别，本书仅探讨人道主义援助，它是一种无成本获得资金的方式。小写字母均为对应变量与GDP 的比值，变量值均大于零。

根据国际收支平衡表的复式记账原则，外资企业利润再投资借记在经常项目下，贷记在资本和金融项目下，在带来经常项目逆差的同时，增加了资本流入，两者相互抵消，对整体的国际收支没有实质的影响，外汇储备不变。因此，本书将不再在经常项目赤字等式中考虑利润再投资的影响。此时，经常项目的核算方程式为：

$$ca' = (x - m) - (1 - s_r)\pi_f + w_f l_f + aid \qquad (4-12)$$

外资企业的利润等于产出乘以利润率，产出取决于资本和自然资源约束下的生产函数。外资企业总利润为：

$$\pi_f = \theta Y_f = \theta \frac{K_f N_f}{v_f} \qquad (4-13)$$

其中，P_f 为外资企业生产产品的市场价格，Y_f 是外资企业在东道国的产出，A 体现技术水平，K_f 和 N_f 分别是外资企业生产中使用的资本和自然资源的量，α 是资本产出的弹性系数，β 是资源产出的弹性系数。外资企业在东道国投资后，寻求价廉量大的自然资源作为生产要素之一。

实际外国直接投资存量的动态增长路径为：

$$\frac{dk_f}{dt} = \frac{d(K_f/GDP)}{dt} = fdi_f + s_r\theta k_f \frac{N_f}{v_f} - gk_f = fdi_f + \left(s_r\theta \frac{N_f}{v_f} - g\right)k_f$$

$$(4-14)$$

其中，fdi_f 为新的 FDI 流量，g 是经济增长率。外国直接投资的流量由新的跨境外国直接投资流入和利润再投资两部分组成，即：

$$\frac{\mathrm{d}K_f}{\mathrm{d}t} = FDI_f + s_r\theta\frac{K_fN_f}{v_f} \tag{4-15}$$

求解微分方程式（4-15），得：

$$k_f = -\frac{fdi_f}{s_r\theta\dfrac{N_f}{v_f} - g} + C_1e^{(s_r\theta\frac{N_f}{v_f}-g)t} \tag{4-16}$$

其中 $C_1 = k_f(0) + \dfrac{fdi_f}{s_r\theta\dfrac{N_f}{v_f} - g}$

此外，外国直接投资、个人汇款会通过影响居民的外部需求改变贸易项目差额。外资企业在东道国可能会进口本国稀缺的其他原材料等，其在产出中所占比例为 m'，同时出口其制成品或者部分替代原进口品，在产出中比例为 x'。根据已有文献，个人汇款会增加东道国居民的消费需求，这里特别考虑对进口品的消费需求增加，设本国居民对进口品的消费倾向为 $c_m \in [0,1]$。这时，整体对贸易差额的影响表示为式（4-17）。等式右边依次对应本国企业产生的贸易差额，FDI 对贸易项目的影响，以及汇款对贸易项目的影响。

$$x - m = (x_d - m_d) + (x' - m')\frac{k_fN_f}{v_f} - c_mw_fl_f \tag{4-17}$$

于是，在综合考虑外国直接投资的投资和负债属性以及个人汇款引致的对外需求后，经常项目赤字的表达式为：

$$ca' = (x_d - m_d) + (x' - m')\frac{k_fN_f}{v_f} - c_mw_fl_f - (1 - s_r)\pi_f + w_fl_f + aid$$

$$= (x_d - m_d) + \left[(x' - m') - \theta(1 - s_f)\right]$$

$$\frac{N_f}{v_f}\left[-\frac{fdi_f}{\dfrac{s_r\theta N_f}{v_f} - g} + C_1e^{(\frac{s_r\theta N_f}{v_f}-g)t}\right] + (1 - c_m)w_fl_f + aid \tag{4-18}$$

由式（4-18）可知，经常项目赤字的收敛性主要取决于 $\dfrac{s_f\theta N_f}{v_f} - g$ 的大小，值小于零，即收敛，值大于零便不具有收敛性。

4.4.2　经常项目赤字的可持续性

通过判断式（4-18）的收敛性，分析经常项目赤字的可持续性。收敛即可持续。若经常项目顺差不具有收敛性，外汇储备不断累积，小国会面临外汇储备资产价值损失，以及给外汇市场和国内货币市场带来的巨大压力，容易受到外汇资产计价货币发行国政策的外溢影响，损失本国货币政策的独立性。若经常项目逆差不具备收敛性，外汇储备流失，同时大量国际资本流入，不断积累，最终都会形成东道国兑付外资企业未来利润的压力。实践中应保持经常项目的持续稳定，而不是对经常项目单一方向的追逐。

对于样本国家来说，以不可再生的自然资源吸引外资流入的可持续性发展程度有限，外资企业的利润再投资率较低，s_r 趋近于零，一旦有足够高的经济增长率 g，$\dfrac{s_r \theta N_f}{v_f} - g$ 小于零很可能成立，存在经常项目差额收敛的可能性。因此，实现经常项目差额的收敛，关键是保证东道国国内足够高的经济增长率 g。

若要尽可能降低收敛的赤字额，可考虑从个人汇款和官方援助入手。由式（4-18）知：

$$\partial ca'/\partial pr = 1 - c_m > 0 \tag{4-19}$$

$$\partial ca'/\partial aid > 0 \tag{4-20}$$

$$\frac{\partial ca'}{\partial l_f} = \frac{\partial ca'}{\partial pr}\frac{\partial pr}{\partial l_f} = (1 - c_m)w_f \tag{4-21}$$

个人汇款对经常项目的影响受对进口品的消费倾向的影响，且国内居民选择经济移民的动机与国内外收入差距有关，也会影响个人汇款规模。并且，个人汇款对微观家庭的意义不仅如此，在满足基本生存需求后，还会促进物质资本和人力资本的投资与积累，注重营养，重视子女教育，购买新的农业工具，甚至开始储蓄投资活动等。家庭是人力资本和物质资本的提供者，个人汇款通过家庭部门提高国内生产能力。

足够高的经济增长率 g 依托于国内生产能力的形成。余永定和覃东海（2006）指出，在刚刚引入 FDI 时，生产能力形成期的东道国均表现为资本项目顺差，经常项目逆差。一旦生产能力形成，不同类型的 FDI 会产生不同的国际收支状况。可以确定的是，以加工贸易为主的出口导向型 FDI 在生产能力形成后，由于"两头在外"，出口额必然大于进口额，加工生产带来的增加值体现在贸易顺差上，而且加工贸易型企业更多将部分利润用于再投资，降低了最初引入 FDI 的成本，有利于生产能力形成的持续性和缓解原有资本项目逆差，经常项目转为顺差。因此，生产能力形成是经常项目由逆差转顺差的前提。

4.5　小结与研究假设

基于上述分析可知，债务型融资和外国直接投资净流入会放松代表经济体的预算约束，扩大当期消费，获得更高的效用水平，这一过程伴随当期经常项目赤字的扩大。前提是国内融资成本大于国际融资成本，国际融资成本又大于选择外国直接投资的成本。在扩展后的双周期跨期均衡模型中，由于外国直接投资存量属于国际头寸表中的负债方，特别考虑了其负债属性，本书将跨国企业外国直接投资产生的资金流入纳入跨期预算约束中。

通过分析经常项目赤字的可持续性模型，本书发现，样本国家的经常项目赤字收敛要以足够高的经济增长率为前提。为尽可能缩小赤字规模，本章考虑了跨国企业额外产生的对进出口的新的需求，以及个人汇款流入对进口品的引致需求，较为全面地梳理了经常项目核算方程式，观察到个人汇款和官方援助对经常项目差额的影响。

由此，本书根据 Crowther 的国际收支阶段假说、图 4 – 1 和表 4 – 2，以及式（4 – 19）和式（4 – 21），提出以下假说。

假说 1：国际收支从第一阶段"未成熟债务—借款国"到第二阶段"成熟债务—借款国"，资金流入促进生产能力形成将有助于经常项目改善，若未形成生产能力，则经常项目再平衡难度加大。

假说 2：世界利率水平下降会加大债务型融资对经常项目的影响，减弱外国直接投资对经常项目的影响。

假说 3：一国对国际商品市场的进口消费倾向越低，与国际平均收入水平差距越大，个人汇款对经常项目的正向作用越大。

第5章 经常项目赤字融资的
再平衡效果研究

在典型事实的基础上，第4章扩展了传统的跨期均衡模型，从资金流入的角度考虑样本国家的经常项目平衡模式，本章将参照 IMF 提出的 EBA 分析框架规范实证检验外债净流入、外国直接投资净流入、官方援助净流入和个人汇款净流入对经常项目的平衡效应，并探究其生产路径下的作用。

5.1 外部平衡评估法分析框架

2013 年，IMF 发布以"外部平衡评估法"（External Balance Assessment，EBA）规范评估经常项目和汇率的工作论文，建立了实证分析经常项目和实际汇率之间关系的基本概念框架，并将影响经常项目的经济基本面因素划分为四种类型：传统非政策性基础变量、金融变量、周期变量和政策变量（Phillips et al.，2013）。刘瑶和张明（2018）借助此方法进一步区分全球经常项目失衡的周期性驱动和结构性驱动，并将传统非政策性基础变量（Traditional Fundamentals：Non – policy Variables）译为结构性变量。本书将同样在 EBA 分析框架下建立面板回归方程。

EBA 框架的分析基础是两个经典的经常项目决定方程。一是经常项目差额等于总储蓄和总投资之差，表示为：

$$S(NFA, Y^d, r^d, X_S) - I(Y^d, r^d, X_I) = CA(Y^d, Y^f, E, X_{CA}) \qquad (5-1)$$

二是国际收支平衡方程，表现在经常项目、资本和金融账户与储备资产变动之间的关系，表示为：

$$CA(Y^d, Y^f, E, X_{CA}) + CF(r^d, r^f, E, X_{CF}) = \Delta R \qquad (5-2)$$

式（5-1）代表宏观经济学中的 IS 曲线，式（5-2）对应开放宏观经济学中的 BP 曲线。其中，储蓄取决于本国资产，包括本国持有的净国外资产和本国产出、国内利率等因素。投资与本国利率、外国利率以及本国收入水平等因素有关。经常项目与本国和外国收入水平、汇率等因素有关。具体地，Y 为产出，NFA 为净国外资产，r 为利率，E 为汇率，ΔR 为储备资产变化。字母变量的上标 d 对应本国指标，f 为外国指标。X_S 表示影响储蓄的其他所有因素，包括人均收入、人口结构、社会保障、政府预算平衡、资源禀赋等；X_I 表示影响投资的其他所有因素，包括人均收入、金融政策、政府监管等；X_{CA} 为影响经常项目的其他所有因素，包括世界商品价格、贸易条件等与进出口相关的指标；X_{CF} 为影响资本和金融账户的其他所有因素，包括全球金融风险指数、资本管制、本国货币作为储备货币带来的"货币特权"等。

由上式可知，经常项目差额是内生变量，CA 由系统中其他变量共同决定。假设该系统中，货币政策通过设定特定的利率弥补产出缺口，则经常项目的决定方程可简化为：

$$CA = CA(X_S, X_I, X_{CA}, X_{CF}, Z^d, Z^f, \Delta R) \qquad (5-3)$$

其中，Z^d 可表示为国内产出缺口或短期利率，Z^f 可表示为外国产出缺口或短期利率。参照 Phillips et al.（2013）、刘瑶和张明（2018）对解释变量的选择依据，以及资源丰裕型发展中国家的特征事实，并引入四种为经常项目赤字融资的资金流入方式，本书构建了经常项目失衡及调整的面板回归方程：

$$\frac{CA}{Y} = B_1 Financing + B_2 Structrue + B_3 Cylical + B_4 Financial + B_5 Policy + \mu$$

$$(5-4)$$

式（5-4）中，$Financing$，$Structure$，$Cyclical$，$Financial$，$Policy$ 均为向量矩阵，对应经常项目融资方式、结构性、周期性、金融性、政策性五类变量集，B_1、B_2、B_3、B_4、B_5 是估计系数矩阵，μ 为残差项。

其中，被解释变量是经常项目差额与 GDP 的比值，解释变量被划分为以下五个类别。

一是为经常项目赤字融资的四种资金流入规模。根据第 4 章理论模型，依次将外债、外国直接投资、官方援助和个人汇款纳入回归模型，分别判别其对经常项目赤字的再平衡作用。在跨期考量中，债务型融资和外国直接投资是国际跨境资本流入的主要形式，官方援助和个人汇款是样本国家重要的经济资源补充。这是本书的核心解释变量。

二是结构性变量,即传统的经济基本面变量,包括经济发展型变量、人口增长或结构类变量、净国外资产与 GDP 之比、自然资源租金。

三是周期性变量,主要包括贸易条件、大宗商品价格变化。

四是金融性变量,主要包括国内金融发展水平、金融市场深度、国际金融市场状况、汇率变动水平。

五是政策性变量,主要包括财政政策、政府支出或赤字情况、政府信誉、政府管理水平。

5.2 模型设定和变量说明

5.2.1 模型设定

本章选取经常项目差额与 GDP 之比作为被解释变量。研究重点为经常项目赤字融资的四种方式的再平衡效果,因此,选取债务型融资、外国直接投资、官方援助和个人汇款依次作为核心解释变量,将结构性、周期性、金融性和政策性变量作为控制变量,构建面板回归方程。

第一,通过初步图形分析判断是否需要考虑核心解释变量与被解释变量的非线性关系。将 ca_gdp 分别和 $exdebt\_net\_gdp$、fdi_net_gdp、aid_net_gdp、pr_net_gdp 依次绘制线性和非线性拟合图,对比结果显示,$exdebt\_net\_gdp$、fdi_net_gdp 在两种拟合下 R^2 只展现出细微变动,均不超过 0.6%。两种情况下的拟合线在样本的主体部分几乎完全重合。虽然 aid_net_gdp 和 pr_net_gdp 在两种拟合下 R^2 的差异相对较大,分别为 1.6% 和 1.2%,但绝对水平依然较低,并且样本的主体部分均在转折点的左侧,转折点左侧观察值更具有代表性。因此,本书的基础回归仍考虑线性拟合结果。

第二,主回归选择双向固定效应模型建立计量方程。在回归中,参考已有研究(Cornaggia et al., 2015;蔡卫星 等, 2019),本书设定基本计量模型检验资金流入对经常项目的再平衡作用;同时,在模型估计中,控制了可能存在的时间效应和个体效应,见式(5-5)。由于各阶段选取变量相同,使用方法相同,可以通过比较回归系数判断各变量驱动作用的大小（刘瑶和张明，2018）。

$$ca\_gdp_{it} = \beta_0 + \beta_1 financing_{it-1} + \beta_2 X_{it-1} + \mu_i + \delta_t + \varepsilon_{it} \quad (5-5)$$

其中，下标 i 表示样本国家，t 表示时间；μ_i 表示国家固定效应，δ_t 表示时间固定效应，$\varepsilon_{i,t}$ 为随机扰动项；$financing_{it-1}$ 为四种赤字融资方式。为避免融资方式之间的相互影响，将它们依次代入计量模型，获得各自的计量回归拟合方程。X_{it-1} 为上文介绍的其他解释变量，包括结构性、周期性、金融性和政策性变量。具体变量及其含义见表 5-1。为了研究资金流入对经常项目跨期平衡的影响，避免当期资金流入与经常项目差额自相关，资金流入变量采用滞后一期，并且，为了减弱内生性问题的影响，控制变量也均采用滞后一期。下文将依次分析四种赤字融资方式的显著相关性和其他驱动因素。

5.2.2　变量的选择及经济解释

具体的变量选取及数据来源如表 5-1 所示。

表 5-1　　　　　　　　　变量的说明及数据来源

类型	变量名	变量含义	单位	数据来源
被解释变量	ca_gdp	经常项目差额占 GDP 比重	—	WEO
核心解释变量	$exdebt\_net\_gdp$	外债净流入占 GDP 比重	—	IDS
	fdi_net_gdp	外国直接投资净流入占 GDP 比重	—	IMF
	aid_net_gdp	官方援助净流入占 GDP 比重	—	WDI
	pr_net_gdp	个人汇款净流入占 GDP 比重	—	WDI
结构性变量	nrr_gdp	自然租金收入占 GDP 比重	—	WDI
	$gdppc2015$	以 2015 年为基期计算的人均 GDP	\$	WDI
	$fasset\_net\_gdp$	净国外资产占 GDP 比重	—	WDI
	$agedep$	人口抚养比	—	WDI
周期性变量	$termsoftrade$	贸易条件	—	WDI
	$tradeopen$	贸易开放度	—	WTO
	$worldprice$	标准普尔高盛商品即期指数	—	CEIC
金融性变量	$pdebt\_gdp$	私人贷款占 GDP 比重	—	WDI
	$exchange$	汇率变动率	—	WDI
政策性变量	$govexp\_gdp$	政府支出占 GDP 比重	—	WEO

为阐述变量选择的合理性，下文对主要变量进行经济解释。

第一，四种为经常项目赤字融资的资金流入均为样本国家对应渠道下的净流入量。其中，债务型融资的代理变量为一国外债，外债总额包括公共、公开担保和私人无担保的长短期债务以及 IMF 提供的信贷。本书根据一国外债存量原始数据计算得出一国外债每年的净流入量。样本国家的主权货币均属于国际货币体系中的外围货币，可以认为外债等同于对外外币负债。外国直接投资净流入来源于 IMF 公布的样本国家的国际收支核算。官方援助为官方发展援助和官方援助净额（Official Aid）之和，个人汇款是国际收支中个人转账和雇员薪酬之和，两个变量数据均来自世界银行。

第二，结构变量体现一国发展的基础能力。人均收入体现一国生活水平，不变价格下的人均收入具有可比性，通常对经常项目起到改善作用。抚养比是非劳动年龄人口与劳动年龄人口数之比，包括老年和少年抚养比，是体现一国人口结构的关键变量，会通过生命周期效应影响国内储蓄率，进而影响国际收支。自然租金占比指标体现一国发展对自然资源的依赖程度。

第三，选取的周期性变量与一国对外贸易息息相关。贸易条件等于出口价格指数与进口价格指数的比值，通常贸易条件改善有利于经常项目再平衡。贸易开放度是一国进出口总额与 GDP 的比值，表现出一国对国际贸易的依存程度和融入国际商品市场的水平。大宗商品价格变动直接影响资源丰裕型发展中国家的进出口额，且大宗商品价格变动是具有周期性的。WEO 和 WDI 数据库提供了详细的各类商品价格指数，但面对种类多样大宗商品，不同禀赋类型的国家，难以找到合适的权重对各类大宗商品价格平均。同时，影响再平衡过程的因素是大宗商品的价格波动情况，而非绝对水平。因此，本书在实证检验中将使用标准普尔高盛商品即期指数的对数值描述国际市场大宗商品价格的变动情况。标准普尔高盛商品指数以产量加权各个商品类别，反映可投资商品市场风险。该指数与主要大宗商品价格指数的变动趋势十分相近，且最贴近燃料价格指数波动（见图 5 - 1）。

第四，选取的金融性变量涉及国内外两个金融市场。一是国内金融市场的发展情况，二是汇率变动带来的金融风险。向私营部门提供的国内信贷更能反映本国金融市场的发展程度和国内融资约束的松紧程度。通常认为，过多的私人贷款会引致过多的需求，从而缩小经常项目差额。汇率变动不仅改变贸易品外币价格，而且带来融资成本的变化。

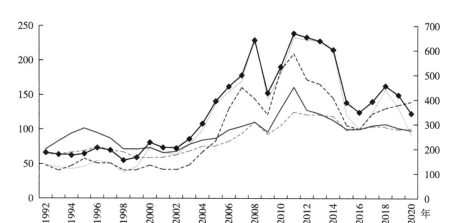

图 5 - 1　各类大宗商品世界价格指数和标准普尔高盛商品即期指数

(资料来源：WEO, CEIC)

第五，政策性变量主要体现政府支出的能力和意愿。私人部门不是完全理性的经济人，李嘉图等价在此并不成立。增加政府支出作为扩张性财政政策的手段之一，通过利率和汇率影响经常项目，利率的上升吸引国际资本的流入，恶化经常项目赤字。但是，政府支出是政府提供公共物品的物质基础，财政支出扩张意味着提供更多公共物品，政府消费和居民消费之间有替代效应，因此认为政府支付会降低家庭部门需求，增加储蓄率。政府支出对经常项目的影响不确定。

5.2.3　描述性统计

本章实证检验的初始样本是筛选出的 40 个"富而赤字"的发展中国家，即近五年自然租金与 GDP 之比高于世界平均水平，但依然面临经常项目赤字的样本国家。时间跨度区间是 1990—2020 年。起点的选择是因为部分数据从1990 年开始在国际官方网站上公布，更多变量在 1990 年之后的数据更可得且真实，经常项目再平衡是一个长期问题，尽可能地包含更多年份以阐述其发展的过程。2020 年是能获得较为完整数据的时间截点，更新年份的数据大多是估计值。并且，由于样本国家部分指标缺失，构建较为可靠且更为均衡的跨国面板数据更有助于回归模型估计。

另外，原始数据存在异常值。特别是在 2006—2008 年，津巴布韦出现恶性通货膨胀，2008 年汇率变动率高达 69404300%，汇率由 2016 年 164.55 津巴布韦元兑 1 美元，升至 2017 年 9686.77 津巴布韦元兑 1 美元，并在 2018 年攀升到难以想象的 67.23 亿津巴布韦元兑 1 美元，而后数据不再更新。为消除异常值的影响，文中对连续变量进行了［1%，99%］的缩尾处理，剔除了缺失值。主要变量的描述性统计如表 5 - 2 所示。

表 5 - 2　　　　　　　　　　　描述性统计

变量	平均值	标准差	最小值	最大值
ca_ gdp	- 0.067	0.093	- 0.989	0.158
exdebt_ net_ gdp	0.025	0.100	- 0.743	0.741
fdi_ net_ gdp	0.038	0.078	- 0.373	1.033
aid_ net_ gdp	0.119	0.196	- 0.001	2.075
pr_ net_ gdp	0.027	0.054	- 0.083	0.409
nrr_ gdp	9.546	8.066	0.052	49.604
ln*gdppc*2015	6.838	0.699	5.339	8.553
fasset_ net_ gdp	0.108	0.297	- 0.756	2.449
agedep	80.403	18.074	43.777	109.116
termsoftrade	1.011	0.048	0.746	1.128
tradeopen	52.928	26.175	11.267	162.223
ln*worldprice*	5.833	0.470	5.038	6.506
pdebt_ gdp	19.077	17.329	1.556	79.943
exchange	0.105	0.448	- 0.229	6.350
govex_ gdp	21.745	8.476	7.789	63.205

从描述性统计可以发现：（1）经常项目均值为负，赤字为样本国家经常项目的常态，且标准差不大，经常项目由负转正，顺差增加的长期跨越在历史上很少发生，经常项目的变化过程较为平缓，经常项目盈余占 GDP 比重的最大值仅为 15.83%。（2）在四种资金流入方式中，个人汇款的标准差最小，这与第 2 章中观察到的特征事实较为一致，即样本国家获得的个人汇款是一种更

稳定的资金流入形式。一国接受的援助较稳定，但不同国家之间存在明显差异。（3）观察人口结构的组成，发现与世界平均水平相比，样本国家的老年抚养比较低，少年抚养比较高，说明样本国家有潜在的人口红利。（4）贸易开放度增加趋势明显，结合第 3 章的特征事实，1980—2020 年，样本国家对外贸易依存度显著上升。（5）汇率变动率均值为正，说明绝大部分国家汇率变动率为正，即在直接标价法下，存在普遍贬值的长期趋势。

为避免模型中可能存在的多重共线性对估计结果的干扰，本书在基础回归前对解释变量之间的多重共线性的严重程度进行度量和判断。首先，观察各变量之间的相关系数，不存在严重的相关性。同时，方差膨胀因子（Variance Inflation Factor，VIF）检验结果显示，所有解释变量的 VIF 值均在 10 以下，不存在多重共线性。检验结果如表 5 – 3 所示。

表 5 – 3　　　　　　　　　　各解释变量的方差因子和容忍度

变量	VIF	1/VIF
agedep	3.68	0.271426
ln*gdppc2015*	3.24	0.308646
pdebt_ gdp	2.46	0.406898
tradeopen	2.35	0.425582
govexp_ gdp	1.88	0.532723
nrr_ gdp	1.68	0.595475
pr_ net_ gdp	1.56	0.642325
termsoftrade	1.30	0.769452
ln*worldprice*	1.28	0.784024
fasset_ net_ gdp	1.27	0.786190
aid_ net_ gdp	1.25	0.800597
fdi_ net_ gdp	1.15	0.867071
exdebt_ net_ gdp	1.07	0.930772
exchange	1.02	0.978326
VIF 平均值	1.80	

5.3 基础回归结果分析

5.3.1 四种融资方式对经常项目赤字再平衡的验证结果

1. 债务型融资对经常项目赤字再平衡的实证结果

本书以式（5-5）为基础，建立双向固定效应模型实证检验债务型融资对经常项目赤字再平衡的影响。在剔除缺失值后，表 5-4 展示了依次引入解释变量后的回归结果，回归过程均固定了国家效应和年份效应。

表 5-4　　　　　　　　外债净流入对经常项目的回归结果

变量	(1) ca_ gdp	(2) ca_ gdp	(3) ca_ gdp	(4) ca_ gdp	(5) ca_ gdp
exdebt_ net_ gdp	-0.097 ***	-0.096 ***	-0.085 ***	-0.085 ***	-0.084 ***
	(0.033)	(0.032)	(0.032)	(0.032)	(0.031)
lngdppc2015		-0.007	-0.008	0.011	0.013
		(0.017)	(0.017)	(0.019)	(0.018)
fasset_ net_ gdp		-0.002	0.002	-0.006	0.008
		(0.014)	(0.015)	(0.015)	(0.014)
nrr_ gdp		0.002 **	0.002 **	0.001	0.001 *
		(0.001)	(0.001)	(0.001)	(0.001)
agedep		0.002	0.002	0.002	0.002 *
		(0.001)	(0.001)	(0.001)	(0.001)
termsoftrade			0.242 ***	0.203 **	0.175 **
			(0.092)	(0.090)	(0.080)
tradeopen			-0.000 **	-0.000	-0.000
			(0.000)	(0.000)	(0.000)
lnworldprice			0.061 **	0.058 **	0.062 **
			(0.025)	(0.027)	(0.030)
pdebt_ gdp				-0.001 ***	-0.001 ***
				(0.000)	(0.000)

续表

变量	(1) *ca_ gdp*	(2) *ca_ gdp*	(3) *ca_ gdp*	(4) *ca_ gdp*	(5) *ca_ gdp*
exchange				0.000	0.000
				(0.000)	(0.000)
govexp_ gdp					− 0.004 ***
					(0.001)
常数项	− 0.031 ***	− 0.148	− 0.701 ***	− 0.729 ***	− 0.697 ***
	(0.010)	(0.163)	(0.263)	(0.271)	(0.267)
国家固定	YES	YES	YES	YES	YES
年份固定	YES	YES	YES	YES	YES
观测值	922	922	922	922	922
R^2	0.350	0.362	0.372	0.382	0.415

注：括号内为稳健标准误，"＊""＊＊"和"＊＊＊"分别表示在10%、5%和1%的统计水平上显著。下表同。

根据表5 – 4的回归结果，依次引入各类型的控制变量后，核心解释变量外债占 GDP 的比重的系数保持为负，即对下期经常项目差额存在显著的负向作用。根据列（5），自然租金收入占比、贸易条件、国际大宗商品价格变动对经常项目呈显著的正效应，私人部门贷款和政府支出对经常项目具有显著的负效应。

具体到核心解释变量，外债净流入占比增加1单位，下一期经常项目差额占比平均恶化0.097。当期外债净流入的增加不利于经常项目的下一期再平衡，延长经常项目调整期。外债为经常项目赤字提供资金流入，放松了国内的融资约束，带动更多对外需求，伴随更大程度的经常项目赤字。这与第4章中费雪双周期模型展示结果一致（见图4 – 1）。债务型融资放松预算约束，均衡点位于更高效用的无差异曲线，前期可以承受更大规模的经常项目赤字。

2. 外国直接投资对经常项目再平衡的实证结果

同样采用双向固定效应模型，逐步引入不同类型的解释变量，控制更多其他因素对经常项目的影响，外国直接投资净流入对经常项目再平衡的回归结果如表5 – 5所示。

表 5 - 5 外国直接投资净流入对经常项目的回归结果

变量	(1)	(2)	(3)	(4)	(5)
	ca_ gdp	*ca_ gdp*	*ca_ gdp*	*ca_ gdp*	*ca_ gdp*
fdi_ net_ gdp	- 0. 204 *	- 0. 205 **	- 0. 205 **	- 0. 200 **	- 0. 184 *
	(0. 104)	(0. 103)	(0. 100)	(0. 100)	(0. 097)
ln*gdppc*2015		0. 002	- 0. 005	0. 021	0. 022
		(0. 023)	(0. 022)	(0. 026)	(0. 022)
fasset_ net_ gdp		0. 012	0. 015	0. 007	0. 012
		(0. 016)	(0. 016)	(0. 017)	(0. 016)
nrr_ gdp		0. 001 *	0. 001	0. 001	0. 001
		(0. 001)	(0. 001)	(0. 001)	(0. 001)
agedep		- 0. 000	- 0. 001	- 0. 001	- 0. 000
		(0. 001)	(0. 001)	(0. 001)	(0. 001)
termsoftrade			0. 384 ***	0. 328 ***	0. 233 ***
			(0. 110)	(0. 105)	(0. 087)
tradeopen			- 0. 000	0. 000	0. 000
			(0. 000)	(0. 000)	(0. 000)
ln*worldprice*			0. 074 **	0. 066 **	0. 073 **
			(0. 029)	(0. 030)	(0. 033)
pdebt_ gdp				- 0. 001 ***	- 0. 001 **
				(0. 000)	(0. 000)
exchange				0. 000	0. 000
				(0. 000)	(0. 000)
govexp_ gdp					- 0. 005 ***
					(0. 001)
常数项	- 0. 037 ***	- 0. 195	- 0. 927 ***	- 0. 977 ***	- 0. 872 ***
	(0. 014)	(0. 212)	(0. 355)	(0. 364)	(0. 333)
国家固定	YES	YES	YES	YES	YES
年份固定	YES	YES	YES	YES	YES
观测值	722	722	722	722	722
R^2	0. 446	0. 451	0. 468	0. 475	0. 520

表 5 - 5 的回归结果显示，在逐步引入控制变量后，外国直接投资净流入

保持对经常项目赤字的负效应。如列（5）所示，外国直接投资净流入与经常项目差额的回归系数为 -0.184，与上文分析结论一致。结合费雪双周期模型示意图，FDI 净流入放松了国内储蓄对国内投资的约束，进一步放松国内的预算约束线，一国居民有条件在前期消费更多，该国面临更大赤字。由于投资收益的汇出，FDI 会导致东道国经常项目逆差。样本国家的本土化投资政策也会影响外资企业的运营和生产效率，过度的本土化政策会限制外资企业活力，导致外溢效应减弱。

上述结论与顾国达等（2009）研究 FDI 对中国经常项目收支的结论不同，这是因为出口导向型 FDI 是影响中国贸易收支的重要因素，尤其是加工贸易的贸易方式对中国贸易顺差的贡献度最大。不同类型的 FDI 在不同时期对经常项目有不同效应，加工贸易企业在生产能力形成后带来经常项目顺差，在生产能力形成期带来经常项目逆差（余永定和覃东海，2006），这与第 4 章论述对应。

3. 官方援助对经常项目再平衡的实证结果

固定年份和国家效应后，官方援助净流入对经常项目的回归结果如表5 - 6所示。

表 5 - 6　　　　　　官方援助净流入对经常项目的回归结果

变量	（1）ca_ gdp	（2）ca_ gdp	（3）ca_ gdp	（4）ca_ gdp	（5）ca_ gdp
aid_net_gdp	0.055 **	0.019	0.033	0.029	0.051 *
	(0.025)	(0.039)	(0.040)	(0.040)	(0.026)
$lngdppc2015$		-0.008	-0.007	0.012	0.031 *
		(0.017)	(0.017)	(0.018)	(0.017)
$fasset\_net\_gdp$		0.001	0.005	-0.002	0.020
		(0.014)	(0.014)	(0.015)	(0.018)
nrr_gdp		0.002 **	0.002 **	0.001	0.000
		(0.001)	(0.001)	(0.001)	(0.001)
$agedep$		0.001	0.001	0.001	0.001 **
		(0.001)	(0.001)	(0.001)	(0.001)
$termsoftrade$			0.267 ***	0.228 **	0.153 **
			(0.094)	(0.091)	(0.078)

续表

变量	（1）	（2）	（3）	（4）	（5）
	ca_ gdp	ca_ gdp	ca_ gdp	ca_ gdp	ca_ gdp
tradeopen			− 0.000 **	− 0.000	− 0.000
			(0.000)	(0.000)	(0.000)
lnworldprice			0.058 **	0.056 **	− 0.008
			(0.024)	(0.025)	(0.008)
pdebt_ gdp				− 0.001 ***	− 0.001 ***
				(0.000)	(0.000)
exchange				0.000	0.000
				(0.000)	(0.001)
govexp_ gdp					− 0.004 ***
					(0.001)
常数项	− 0.034	− 0.149	− 0.722 ***	− 0.748 ***	− 0.300 *
	(0.028)	(0.165)	(0.263)	(0.270)	(0.164)
国家固定	YES	YES	YES	YES	YES
年份固定	YES	YES	YES	YES	YES
观测值	922	922	922	922	922
R^2	0.344	0.353	0.366	0.375	0.369

结果显示，官方援助净流入对经常项目存在显著的正效应，回归系数为0.051。实证结果与理论一致，官方援助从经常项目内部为经常项目赤字融资，从内部改善经常项目，且具有跨期效应。在第4章的经常项目可持续性模型中，官方援助有助于贸易赤字的可持续。就样本国家而言，官方援助具有局部增长效应，对经常项目的改善和可持续性有益。事实上，官方援助作为一种融资方式，其融资对象、融资目的和提供资金方的不同都会影响融资效果。Liu and Tang（2018）在比较南南合作和南北援助后，发现以美国为代表的南北援助对非洲出口几乎没有促进作用。这里的官方援助数据既包含南北援助，也包含通过主要国际组织，尤其世界银行提供的官方援助和优惠贷款。另外，与外债对经常项目的回归结果相比，表5－6同样出现了贸易开放度回归系数为负的情况。

4. 个人汇款对经常项目再平衡的实证结果

个人汇款来源于微观部门，经济移民产生的个人汇款对贸易项目赤字局部融资。双固定效应模型下个人汇款对经常项目跨期的影响如表 5 – 7 所示。

表 5 – 7　　　　　　　个人汇款净流入对经常项目的回归结果

变量	（1） ca_ gdp	（2） ca_ gdp	（3） ca_ gdp	（4） ca_ gdp	（5） ca_ gdp
pr_ net_ gdp	0.095 * (0.056)	0.159 (0.098)	0.143 (0.101)	0.118 (0.101)	0.236 ** (0.099)
lngdppc2015		– 0.013 (0.015)	– 0.015 (0.015)	0.003 (0.016)	0.007 (0.015)
fasset_ net_ gdp		– 0.000 (0.016)	0.004 (0.016)	– 0.005 (0.016)	0.013 (0.016)
nrr_ gdp		0.002 *** (0.001)	0.002 *** (0.001)	0.001 ** (0.001)	0.002 *** (0.001)
agedep		0.001 ** (0.001)	0.001 * (0.001)	0.001 ** (0.001)	0.001 ** (0.001)
termsoftrade			0.228 *** (0.071)	0.184 *** (0.071)	0.171 ** (0.069)
tradeopen			– 0.000 *** (0.000)	– 0.000 * (0.000)	– 0.000 (0.000)
lnworldprice			0.054 (0.033)	0.054 (0.033)	0.054 * (0.032)
pdebt_ gdp				– 0.001 *** (0.000)	– 0.001 *** (0.000)
exchange				0.001 (0.005)	0.007 (0.005)
govexp_ gdp					– 0.004 *** (0.001)
常数项	– 0.040 (0.026)	– 0.133 (0.137)	– 0.628 ** (0.249)	– 0.647 *** (0.247)	– 0.641 *** (0.239)
国家固定	YES	YES	YES	YES	YES
年份固定	YES	YES	YES	YES	YES
观测值	922	922	922	922	922
R^2	0.068	0.400	0.413	0.424	0.458

同官方援助一样，以包含更多控制变量的列（5）为例，个人汇款对经常项目存在显著的正效应，回归系数为 0.236。个人汇款是经常项目内部融资的一种资金来源，有利于经常项目的改善，调节贸易收支带来的经常项目逆差。并且，对于样本国家来说，个人汇款的融资效果大于官方援助，即个人汇款影响经常项目再平衡的回归系数大于官方援助的回归系数。因此，个人汇款是样本国家一项可行且更有效的融资方式。对应第 4 章经常项目可持续性模型，个人汇款有助于经常项目赤字可持续。另外，自然资源租金、人口抚养比、贸易条件和大宗商品价格变动在含个人汇款的回归结果中表现为正相关，贸易开放度和政府支出表现为负相关。

5.3.2 经常项目赤字再平衡的其他驱动因素

结合上述四种不同场景下的回归结果，以下因素同样对经常项目存在显著作用，具有一定的稳健性。人口抚养比和贸易开放度在部分回归结果中与经常项目差额显著相关。

（1）自然资源租金。一国自然资源租金收入对经常项目调整具有显著正向作用，这在四种情形下的回归方程中均得到了验证。自然资源是一国得天独厚的优势，拥有资源财富的国家可能实现经常项目盈余。样本国家经常项目赤字的形成不能归咎于自然资源，应寻找其他形成原因。已有研究表明，石油租金的增加对石油丰裕的非洲国家具有增长意义，且与经常项目差额正相关（Eregha and Mesagan，2022），Ben–Salha（2021）同样用 PMG 模型证实了自然资源租金在长期显著有益于资源丰裕型国家的增长。

（2）贸易条件。贸易条件的回归结果与哈伯格—劳尔森—梅茨勒效应（HLM）一致，即贸易条件与经常项目存在正相关关系。贸易条件对经常项目有两个作用途径。贸易条件体现了一国进出口商品的竞争力，贸易条件改善说明出口品在国际市场的盈利能力更强，贸易收支改善。同时，贸易条件影响该国对国际资本的吸引力，具有信号效应。贸易条件的恶化会带来国际资本流入的减少，贸易条件的改善会吸引更多国际资本的流入。张天顶（2008）、卞学字和范爱军（2015）同样证实贸易条件对经常项目存在正效应。

（3）国际大宗商品价格波动。回归结果显示，大宗商品价格与经常项目的回归系数为正。观察样本国家的进出口结构，在数据可得的前提下，1980—2020 年，样本国家农产品和能源类出口额占总商品出口额比重超过 50% 的样本量不低于 66%，不少于 94% 的观测样本的"油和米"出口额占总商品出口额的比重均高于 20%；进口商品中，"油和米"进口额占总商品进口额 20% 的样本量超过 89%，超过 50% 的仅约为 11.9%①。从整体上看，资源丰裕型样本国家表现为大宗商品净出口。大宗商品价格的正向波动有益于资源丰裕型发展中国家经常项目的改善。

（4）私人部门贷款与 GDP 之比。私人部门贷款占比系数为负，同谭之博和赵岳（2012）研究结论一致。私人部门贷款与 GDP 之比体现了金融市场向私人部门倾斜、提供私人部门资金的规模和效率。金融发展程度更高的发达经济体能为创新的企业提供更多的融资机会，资本涌入发达经济体，经常项目赤字（陆建明　等，2011）。很明显，样本国家的国内金融市场没有足够的广度和深度，其表现出负相关可能是因为私人部门在获得私人贷款后投资效率和资本收益率限制了经常项目赤字的改善。

（5）政府支出与 GDP 之比。政府支出占比越高，经常项目越容易产生赤字。"双赤字"理论对贸易赤字和财政赤字共存的现象进行综述和解释。赵凯和林志伟（2016）进一步推断政府财政政策与经常项目之间的关系与该国所处的债务水平有关，当债务水平处于 13.21% ~ 74.54% 时，政府预算支出与经常项目正相关。因此，对于中高债务水平的国家来说，应控制财政支出，注意其对经常项目的副作用。

（6）人口抚养比。它包括老人抚养比和少儿抚养比。人口年龄结构是影响经常项目的长期结构性变量，且人口抚养比越高，劳动人口的压力越大。根据生命周期效应，工作时期会增加储蓄，增加预防性储蓄，对经常项目进行正向调整。朱超等（2018）认为，少年和老年的人口比例会对经常项目产生不同的冲击，前者为正向，与本书结论一致，后者为负向。

（7）贸易开放度。贸易的开放伴随样本国家经常项目的恶化，这是一个

---

① 　原始数据来源于世界贸易组织（WTO）官网。在后续论述中，用"米"指代农产品（Agriculture Products），"油"指代燃料和矿产产品（Fuel and Mining Products），合称为"油和米"，这是一国生产生活的底线。数据再次验证了样本国家的选择是合理的，从出口结构看，同样为资源丰裕型发展中国家，自然资源租金可以作为衡量自然资源禀赋大小的代理变量之一。

困境。在获得官方援助后，贸易开放度的扩大会增加居民对外国商品的需求，以满足更高的效用水平。这与路世昌等（2016）研究结论一致，路世昌等（2016）基于非均衡的国际货币体系的视角发现货币国际化程度不高的国家，贸易开放容易造成其在国际贸易市场的损失，并主张要增加多元化的国际货币。这表明贸易开放带来的负效应不是开放的过错，而是外界环境，如国际货币体系的干扰。

5.4 生产路径：融资对本国生产能力的影响

追根溯源，本章力图从国家内生因素着手调解失衡。经济的长期增长主要看供给方。经常项目是总产出和总需求短期波动的缓冲器，解决经常项目的失衡问题关键在于协调总产出和总需求之间的关系。因此，从总产出的角度处理经常项目再平衡问题更能"釜底抽薪"。本节将进一步探讨四种资金流入方式能否对国内生产能力产生影响，进而对经常项目持续有效调整，生产路径下的回归结果如表 5-8 所示。

表 5-8　　　　　　　　四种跨境资金净流入对国内生产能力的影响

变量	外债净流入				
	（1）	（2）	（3）	（4）	（5）
	gdpperenergy	TFP	lnfirstvad	lnsecondvad	lnthirdvad
exdebt_ net_ gdp	-1.253**	-0.100	-0.144**	-0.378***	-0.176***
	(0.594)	(0.073)	(0.068)	(0.117)	(0.065)
常数项	-12.503*	4.746***	-1.551*	2.722**	5.776***
	(7.184)	(0.556)	(0.858)	(1.350)	(1.123)
控制变量	YES	YES	YES	YES	YES
国家固定	YES	YES	YES	YES	YES
时间固定	YES	YES	YES	YES	YES
观测值	456	595	824	824	789
R^2	0.948	0.708	0.963	0.928	0.940

续表

外国直接投资净流入					
变量	（1）	（2）	（3）	（4）	（5）
	gdpperenergy	TFP	lnfirstvad	lnsecondvad	lnthirdvad
fdi_ net_ gdp	0. 689	− 0. 176 **	0. 190 **	− 0. 382 *	− 0. 005
	（1. 503）	（0. 075）	（0. 096）	（0. 216）	（0. 156）
常数项	− 27. 368 ***	3. 959 ***	− 1. 402 *	− 0. 326	2. 928 ***
	（5. 801）	（0. 588）	（0. 748）	（0. 858）	（0. 632）
控制变量	YES	YES	YES	YES	YES
国家固定	YES	YES	YES	YES	YES
时间固定	YES	YES	YES	YES	YES
观测值	421	492	661	661	626
R^2	0. 928	0. 778	0. 968	0. 959	0. 964
官方援助净流入					
变量	（1）	（2）	（3）	（4）	（5）
	gdpperenergy	TFP	lnfirstvad	lnsecondvad	lnthirdvad
aid_ net_ gdp	3. 094 ***	− 0. 108 **	0. 264 **	0. 220	0. 282 **
	（1. 071）	（0. 048）	（0. 109）	（0. 187）	（0. 139）
常数项	− 14. 306 *	4. 767 ***	− 1. 797 **	2. 311 *	5. 290 ***
	（8. 648）	（0. 561）	（0. 844）	（1. 376）	（1. 167）
控制变量	YES	YES	YES	YES	YES
国家固定	YES	YES	YES	YES	YES
时间固定	YES	YES	YES	YES	YES
观测值	456	595	824	824	789
R^2	0. 945	0. 709	0. 964	0. 936	0. 942
个人汇款净流入					
变量	（1）	（2）	（3）	（4）	（5）
	gdpperenergy	TFP	lnfirstvad	lnsecondvad	lnthirdvad
pr_ net_ gdp	2. 330 *	− 0. 840 ***	0. 696 ***	0. 293	0. 108
	（1. 405）	（0. 204）	（0. 190）	（0. 312）	（0. 192）
常数项	− 13. 503 *	5. 066 ***	− 1. 946 **	2. 229	5. 558 ***
	（7. 997）	（0. 538）	（0. 853）	（1. 364）	（1. 118）
控制变量	YES	YES	YES	YES	YES
国家固定	YES	YES	YES	YES	YES
时间固定	YES	YES	YES	YES	YES
观测值	456	595	824	824	789
R^2	0. 944	0. 714	0. 963	0. 927	0. 939

本节选取多个指标衡量不同维度下的国内生产能力。一是每单位能耗产生的 GDP，变量表示为 *gdpperenergy*。对于发展中经济体来说，单位能耗产生的增长效应与当代工业部门发展息息相关，低收入和中等收入经济体的能源使用量一直快速增加，但其带来的 GDP 的增长速度是不一定的。因此，选择 2017 年不变美元价格下的单位能耗产生的 GDP 作为其国内生产能力的指标，数据来源于世界银行。二是全要素生产率，记为 *TFP*。科技是第一生产力，全要素生产率提高，即技术发展水平提高是一国产业升级和生产力发展的标志。对于样本国家来说，中等技术的普及比高等技术的引入更加重要（舒马赫，2007）。数据来源于 Penn World Table（第十版）。三是三大产业的劳动生产率。选取来自世界发展指标数据库的单位劳动投入产生的增加值作为劳动生产率的衡量标准。增加值是将所有产出减去中间投入后的净产出，数值越高表示该产业的劳动生产率水平越高，生产能力越强。三大产业的劳动生产率，设定的变量分别为 2015 年不变价格下三大产业的劳动生产率，再取对数，对应表示为 *lnfirstvad*，*lnsecondvad*，*lnthirdvad*。三大产业的划分依据是国际标准行业分类（ISIC），第一产业包括农业、林业、渔业和畜牧业，第二产业为工业（包括建筑业），第三产业为服务业。

本节多维分析了四种为经常项目赤字融资的方式 *exdebt_ net_ gdp*、*fdi_ net_ gdp*、*aid_ net_ gdp* 和 *pr_ net_ gdp* 对国内跨期生产能力的影响，即当期资金流入对下期国内生产能力的影响。将四种资金流入与国内生产能力的回归系数符号情况汇总至表 5 –9，以便更清晰直观地观察其在生产路径的表现。

表 5 –9　　　　四种跨境资金净流入影响国内生产能力的结果汇总

变量	gdpperenergy	TFP	lnfirstvad	lnsecondvad	lnthirdvad
exdebt_ net_ gdp	– 1.253 **	– 0.100	– 0.144 **	– 0.378 ***	– 0.176 ***
	(0.594)	(0.073)	(0.068)	(0.117)	(0.065)
fdi_ net_ gdp	0.689	– 0.176 **	0.190 **	– 0.382 *	– 0.005
	(1.503)	(0.075)	(0.096)	(0.216)	(0.156)
aid_ net_ gdp	3.094 ***	– 0.108 **	0.264 **	0.220	0.282 **
	(1.071)	(0.048)	(0.109)	(0.187)	(0.139)
pr_ net_ gdp	2.330 *	– 0.840 ***	0.696 ***	0.293	0.108
	(1.405)	(0.204)	(0.190)	(0.312)	(0.192)

注：表中仅报告两个变量之间的回归系数，括号内为稳健标准误，"＊""＊＊"和"＊＊＊"分别表示在10%、5%和1%的统计水平上显著。

　　首先，从整体上看，个人汇款和官方援助对国内生产能力的传导路径更加通畅。外债负担重的国家不能提高能源使用效率，官方援助和个人汇款有助于提高单位能耗产出。官方援助和个人汇款作为非付息型融资，融资压力小，企业可协调能源利用和经济增长，提高单位能源的使用效益。这对以矿石燃料等不可再生资源为主的丰裕型国家具有重要意义。家庭部门的个人汇款通过物质资本和人力资本积累为国内生产能力做贡献。但是，外债负担会降低企业投资意愿，寻求投资回报率更加稳定的项目。程宇丹和龚六堂（2014）指出，发展中国家对债务的直接承受力较发达国家更弱，债务带来的负面影响超过等量债务对发达国家的影响，政府债务的增加显著不利于发展中国家的经济增长。

　　其次，具体观察在三大产业领域的结果。外债净流入不利于三大产业劳动生产率的提升。外国直接投资对第一产业劳动生产率有显著正效应，但会显著降低第二产业劳动生产率，这可能是因为外资企业在第二产业同内资企业更多为竞争关系，外资企业更具技术优势，进入反而会挤占内资企业市场份额，内资企业收益减少。官方援助可以帮助第一产业和第三产业发展。个人汇款能显著提升第一产业的劳动生产率。官方援助和移民汇款作为低收入国家最重要的外部资金来源，是经济增长的重要支撑。个人汇款更是能直接拉动民间消费，集中使用在民生领域，还会用闲余资金购置资产或工具，用于土地投资、提高农产量等，首选投资农业。从总体上看，跨境资金流入后，更容易在样本国家的第一产业发挥作用，提高生产率，第一产业具有更好的"吸收能力"。

　　最后，境外资金的流入尚不能提高东道国的技术进步率。《东亚奇迹的反思》中提到，东亚增长的第一来源是物质资本，随后是人力资本，第三位的TFP 远远靠后。提高 TFP 是一国增长的后期目标，而非前期投资的目的。结合资金流入在生产路径下对 TFP 水平的负向冲击，前期的资金流入应更多流向物质资本和人力资本积累，避免过早地集中发展新技术。

　　一国国内生产能力不仅影响国家内部的产业分工和国际分工，而且体现在与他国的双边经贸关系上。巴拉萨—萨缪尔森效应指出，劳动增长率越高的国家，工资实际增长率越高，实际汇率上升越快，若一国生产率提高程度相对高于他国，则该国的实际汇率上升。若本币实际贬值，本国产品更有价格竞争力，则有利于改善经常项目赤字；若本币实际升值，则不利于经常项目改善。官方援助和个人汇款通过提高单位能耗产出有助于经常项目跨期平衡。另外，国家特定的生产率冲击会恶化经常项目，且持续性越强，经常项目赤字越顽固（吴晓芳　等，2019）。因此，四种融资方式通过生产路径影响国内生产能力的结果终将表现在经常项目差额上，对应假说1。

5.5　四种融资方式的机制检验

上述基准回归结果表明，资源丰裕型发展中国家在开放条件下的外债净流入和外国直接投资净流入不利于经常项目再平衡，导致经常项目赤字。官方援助和个人汇款对经常项目有积极效应。然而，开放条件下四种国际资金流入形式对经常项目赤字的影响机制还涉及多个可能的方面。本节将进一步对四种资金流入依次进行机制检验。

本书采用主流的设立交互项模型的方法检验调节效应存在下的影响机制，检验核心解释变量对被解释变量的影响是否会因为某个特征或环境而存在区别（江艇，2022）。这一机制检验旨在分析某一变量在解释变量和被解释变量之间的关系中扮演的角色。模型设定如下：

$$ca_{it} = \beta_0 + \beta_1 financing_{it-1} + \beta_2 A_{it-1} + \beta_3 financing \times A_{it-1} + \beta_4 X_{it-1} + \mu_i + \delta_t + \varepsilon_{it}$$

$$(5-6)$$

其中，A_{it-1}为调节变量，其余变量同基准回归模型式（5-5）。若交互项的回归系数β_3显著，则调节效应显著，影响机制存在。若$\beta_3 > 0$，核心解释变量对经常项目的正效应随A的增大而加强，或者说，核心解释变量对经常项目的负效应随A的增大而减弱；若$\beta_3 < 0$，核心解释变量对经常项目的正效应随A的增大而减弱，或者说，核心解释变量对经常项目的负效应随A的增大而加强。同时，本节对交互项的两个变量均进行了中心化处理，即将变量减去其样本均值。在对检验结果没有影响的同时，能避免引入交互项后可能产生的严重多重共线性问题，中心化的交互项回归系数也可表示为平均观测个体下，核心解释变量对被解释变量的因果效应（江艇，2022）。

5.5.1　外债影响经常项目的机制检验

国内金融压抑是发展中国家增长受限的主要原因（McKinnon，1973）。因本国存在融资约束，私人和公共部门通过外债融资，发展中国家金融市场不完善不发达是本国货币在国际借贷市场"无能"的原因，即不能用本币进行国际借贷。外债净流入规模不仅与国内金融市场发展程度有关，而且与国际借贷市场的融资成本密切相关。据此，从国际和国内两个视角选择调节变量，分别为世界利率水平和国内金融市场的普惠性。

1. 债务型融资成本：世界利率水平

世界利率水平是国际资本市场的风向标，国际资本市场的波动会反映在世界利率水平的升降中。国际资本市场的波动会触发非储备货币发行国的保护机制，经常项目差额上升，非储备货币发行国意愿持有更多储备资产。世界利率水平的变化影响外债的融资效果，实证结果如表 5 - 10 所示。由于国际资本市场中呈现"中心—外围"的差序结构，选取 G7 国家的长期利率[①]，以 GDP 为权重计算加权平均利率作为世界利率水平（*worldrate*）的代理变量（卞学字和范爱军，2015），对应理论模型中的r_f。

表 5 - 10　　　　外债净流入影响经常项目的机制检验：世界利率水平

变量	(1)	(2)	(3)	(4)
	ca_ gdp	*ca_ gdp*	*ca_ gdp*	*ca_ gdp*
exdebt_ net_ gdp	- 0. 431 ***	- 0. 399 ***	- 0. 536 ***	- 0. 508 ***
	(0. 083)	(0. 081)	(0. 089)	(0. 087)
*exdebt * worldrate*	0. 084 ***	0. 081 ***		
	(0. 020)	(0. 019)		
worldrate	- 0. 000	- 0. 021 *		
	(0. 004)	(0. 012)		
*exdebt * usrate*			0. 099 ***	0. 097 ***
			(0. 020)	(0. 019)
usrate			0. 000	- 0. 020 *
			(0. 004)	(0. 011)
常数项	- 0. 018	0. 532	- 0. 019	0. 471
	(0. 018)	(0. 580)	(0. 020)	(0. 525)

[①]　G7 国家长期利率数据来源于 OECD 数据库，见 https：//data. oecd. org/interest/long - term - interest - rates. htm。

变量	(1)	(2)	(3)	(4)
	ca_gdp	ca_gdp	ca_gdp	ca_gdp
控制变量	NO	YES	NO	YES
国家固定	YES	YES	YES	YES
时间固定	YES	YES	YES	YES
观测值	922	922	922	922
R^2	0.407	0.467	0.413	0.472

为避免其他因素的干扰，在列（1）的基础上增加控制变量，得到列（2）。加入控制变量前后，外债净流入和世界利率水平的交互项系数一直为正，且在1%的水平上显著。外债净流入为经常项目赤字融资时，世界利率水平的提高会削弱外债净流入对赤字的增加，即世界利率水平越高，一国便减少外债融资规模。世界利率水平较低时，债务型融资为经常项目赤字的融资作用更加明显，可承担下一期更大程度的经常项目赤字，验证假说2。

另外，本书增加了单独以美国长期利率视为世界利率进行的机制检验结果。美国长期利率和外债净流入的交互项系数同样为正，美国长期利率越低，债务型融资将会带来更大的赤字问题。这既证明了世界利率水平作用的稳健性，又说明美国长期利率与世界利率水平之间很可能存在协同效应，美国长期利率能代替世界利率水平，成为国际金融市场的风向标，证明美国在国际金融市场的中心地位，美联储的货币政策是国际利率波动的主因（孙治宇和赵曙东，2010）。

无论以美国十年期国债收益率为基准，还是以伦敦银行间同业拆借利率为基础利率，均表明国际市场利率下行的事实。与此同时，发展中国家在国际市场上的融资成本越来越低，不断放松融资约束，债务负担加重，风险加剧，经常项目赤字问题也悬而未决。世界利率长期下行的趋势为样本国家提供融资机会，维持经常项目赤字的同时，带来了债务风险问题和久而久之形成的外资依赖。如果外债不能带来产出的增加和劳动生产率的提高，增加出口，那么这些国家债务负担加重，经常项目赤字难以扭转。当下美国等发达国家的加息态势无疑加重了发展中国家外债负担。

2. 金融市场普惠性

本小节以国内金融机构的包容性衡量金融市场的普惠性，考察其对债务型融资影响经常项目的调节作用。金融机构包容性是金融市场发展的一个方面，选择来自 IMF 公布的 Financial Development Index Database 的金融机构包容性（fi_a）数据，为每 10 万成年人对应的银行分行和自动取款机的数量，体现一国能够获得融资的难易程度，或金融市场的普惠程度。数值为 0 ~ 100，数值越大，金融机构的包容性就越高。与控制变量私人贷款不同，金融机构包容性是融资服务"提供方"的信息，私人贷款属于融资服务"需求方"的信息。金融机构包容性会影响银行账户的渗透率，影响成年人储蓄、借贷、付款和管理风险（Demirgüç‑Kunt and Klapper, 2012），企业和个人在国内借贷的便利程度和意愿也会影响外部融资的动机。

回归结果如表 5 – 11 所示。无论是否添加控制变量，列（1）和列（2）结果均显示金融机构包容性对外债净流入对经常项目的影响有显著的调节作用。金融机构包容性与外债净流入的交互项系数显著为负，且与主效应系数符号相同，意味着金融机构包容性提高，金融市场普惠性越高，外债流入对经常项目的负效应越强，这与预想结果不同。推测原因如下，正如金融市场对储蓄的正负关系存在争议一样（张天顶和李洁，2008），金融机构包容性对国内居民的存贷款等业务的影响是不确定的，同样会造成对国际信贷业务的不确定影响。只有在金融机构包容性水平达到一定程度，金融的普惠和便利才会活跃国内金融市场，增强国内储蓄和投资之间的转化能力。但本书研究的低收入国家的金融机构包容性平均绝对水平都很低，普惠性不足。这时金融机构包容性水平的提高只会使更多富人获得资金，从事金融活动，扩大金融市场的不平等，这种国内金融市场准入的差距反而会让更多公众寻求境外融资，增强外债对经常项目的负效应。

表 5 – 11　　外债净流入影响经常项目的机制检验：金融市场惠普性

变量	（1）	（2）
	ca_gdp	ca_gdp
$exdebt * fi\_a$	– 1. 163 ***	– 1. 190 ***
	(0. 191)	(0. 219)
$exdebt\_net\_gdp$	– 0. 084 ***	– 0. 075 ***
	(0. 027)	(0. 027)

续表

变量	(1)	(2)
	ca_gdp	ca_gdp
fi_a	0.018	0.101 **
	(0.033)	(0.040)
常数项	−0.027 ***	−0.651 **
	(0.009)	(0.253)
控制变量	NO	YES
国家固定	YES	YES
时间固定	YES	YES
观测值	922	922
R^2	0.388	0.452

5.5.2　外国直接投资影响经常项目的机制检验

外国直接投资的负债属性是本书强调的重点之一。本书将重点考虑其融资成本 r_{fdi} 的影响，外国直接投资的"偿债负担"为利润汇回，这里将从外资企业利润再投资规模反向观察融资成本，以验证理论假说。另外，本书从东道国的角度思考外国直接投资流入的动机及对经常项目的影响。东道国的营商环境决定了对外资企业的吸引力。据此，从融资成本和国内营商环境两个角度选取利润再投资和国内总税率作为调节变量。

1. 外国直接投资融资成本

依据扩展的经常项目两期平衡模型式（4-10），本小节考察债务型融资和外国直接投资为经常项目赤字融资时融资成本对融资效果的机制检验。

本书论证了外国直接投资存量记入国际投资头寸表的负债方，具有负债属性。外资企业拥有对未来的部分产出的索取权，这是引入外国直接投资的成本。外资企业的利润再投资缓解了未来产出的流出，与融资成本负相关。选取的利润再投资数据来自 IMF 公布的各国国际收支平衡表，金融项目下直接投资子项中直接投资企业的直接投资者的收益再投资金额（Reinvestment of Earnings），记为 reinvest。表 5-12 展示了收益再投资和世界利率水平的机制分析结果。

表 5 - 12 外国直接投资净流入影响经常项目的机制检验：融资成本

变量	(1) ca_ gdp	(2) ca_ gdp	(3) ca_ gdp	(4) ca_ gdp
fdi_ net_ gdp	- 0. 672 ***	- 0. 617 ***	- 0. 986 ***	- 0. 928 ***
	(0. 108)	(0. 106)	(0. 143)	(0. 138)
fdi * reinvest	0. 001 *	0. 002 **		
	(0. 001)	(0. 001)		
reinvest	0. 000	0. 000		
	(0. 000)	(0. 000)		
fdi * wolrdrate			- 0. 066 ***	- 0. 064 ***
			(0. 024)	(0. 024)
worldrate			- 0. 005	- 0. 009 **
			(0. 003)	(0. 004)
常数项	- 0. 031 **	- 0. 033	0. 007	- 0. 103
	(0. 013)	(0. 064)	(0. 017)	(0. 141)
控制变量	NO	YES	NO	YES
国家固定	NO	NO	YES	YES
年份固定	YES	YES	YES	YES
观测值	398	398	722	722
R²	0. 201	0. 309	0. 550	0. 601

利润再投资与外国直接投资的交互项系数为正，说明利润再投资的增加会削弱外国直接投资对下期经常项目的负效应，结论与理论一致。利润再投资与外国直接投资的融资成本 r_{fdi} 负相关，即成本 r_{fdi} 的降低会减弱外国直接投资的负作用。外资企业的利润再投资缓解了东道国未来产出的压力，为东道国提供了额外的资本流入，有助于经常项目的可持续。

另外，列（3）和列（4）均显示世界利率水平与外国直接投资的交互项在 1% 的置信水平上为负值。世界利率水平升高，一旦在国际金融市场融资的成本与外国直接投资的成本差距越来越大，$r_f > r_{fdi}$，$[(r_f - r_{fdi})FDI]$ 的值越大，结合费雪双周期模型示意图（见图 4 - 1），跨期预算约束线外移，更多的外国直接投资可以实现更高的效用水平，产生了更大程度的经常项目赤字水平。实证结果与理论分析一致，验证假说 2。

2. 国内营商环境

税收营商环境体现了一国对民营企业发展的支持程度，成为吸引外资企业"走进来"的影响因素。总税率为在将允许扣除和豁免的部分剔除后，应付税款占商业利润的比重。通常以较低税费支持企业，会增强企业的内生动力，为企业经营提供便利。税率高低对外国直接投资的效果具有双重作用：税率越低，市场越有活力，为经济发展注入动能，减弱外国直接投资对经常项目的负作用；但吸引大量外国直接投资流入，会新增对经常项目赤字的融资规模，需要更大的出口规模来弥补。本小节选取世界银行营商环境数据库公布的企业税率［Profit Tax（％ of Profit）］，作为样本国家营商环境的衡量指标，记为taxrate。表5－13展示了税率对外国直接投资融资效果的调节效应。

表5－13　外国直接投资净流入影响经常项目的机制检验：国内营商环境

变量	(1)	(2)
	ca_gdp	ca_gdp
$fdi\_net\_gdp * taxrate$	− 0. 028 ***	− 0. 024 ***
	(0. 005)	(0. 005)
fdi_net_gdp	− 0. 438 ***	− 0. 409 ***
	(0. 077)	(0. 073)
$taxrate$	− 0. 002	− 0. 002 *
	(0. 001)	(0. 001)
常数项	0. 000	4. 337 *
	(0. 027)	(2. 212)
控制变量	NO	YES
国家固定	YES	YES
年份固定	YES	YES
观测值	389	389
R^2	0. 650	0. 680

结果显示，外国直接投资净流入与税率的交互项系数显著为负，与外国直接投资的回归系数的符号相同。这说明高税率会加大外国直接投资对经常项目赤字的再平衡难度。较高的税收水平会增加企业运营压力，削弱国内生产动力，外资企业的生产活力同样受到限制，以致社会总供给减少，出口减少，扩大下期经常项目赤字。东道国应优化本国营商环境，既助力本国的高质量发

展，也能"留得住"外资企业。

5.5.3　官方援助影响经常项目的机制检验

官方援助行为以政府为中心，由国际组织、OECD 国家或其他国家等向主权国家提供。行为主体均为宏观部门，因此，本书以宏观视角选择调节变量，考虑宏观部门的行为表现。官方援助能否发挥作用取决于本国对援助资金的"吸收能力"，资金能否流向并改善民生的领域。吸收能力涉及两个方面，一是政府使用效率，受援助国内部能否充分利用援助资金、国家政府质量及其官僚程度是否会阻碍官方援助对民生等方面的改善，这涉及当局政府控制腐败的能力；二是在国内的利用情况，这依赖国内居民对资本的使用效率，与国家整体的人力资本水平有关。

1. 政府控制腐败的能力

Easterly（2006）认为，部分非洲地区长期接受援助却深陷贫困的原因是其国内脆弱的经济和政治制度，后称其为"伊斯特利悲剧"。官方援助是国际社会向受援国公共部门提供的资金援助，其使用途径和使用效率均与当局政府质量有关。本小节考察受援国制度质量，特别是政府控制腐败的能力对援助效果的影响。政府控制腐败的能力（controlcorruption）反映了公共权力在多大程度上为私人利益而行使，包括多种腐败形式，并且考虑个别精英和私人利益集团对国家的"俘虏"。数据来源于全球治理指数（World Governance Indicators，WGI），是基于受访者的观点调查和总结，也是真实的市场反应。政府控制腐败的能力高低决定了其能否获得民众信任，将援助用于改善民生和未来发展，对民众的工作积极性和生活信心具有积极意义。

表 5 - 14 的检验结果显示，在加入控制变量后，政府控制腐败的能力与官方援助的交互项系数为 0.112，在 5% 的置信水平上显著，这说明政府控制腐败的能力越高，官方援助对经常项目的正效应越强。官方援助在腐败程度弱的国家或地区能发挥更大作用。因此，政府的腐败程度确实会约束援助的使用和效力，与杨励等（2022）研究结论一致。于滨铜等（2021）对贫困地区干部的作用研究同样证明领导力对扶贫工作具有显著正向作用，素养更高的领导团体会发挥积极作用，且地区越贫困，效果越明显。因此，拥有清廉公正的政府

和具备控制力和领导力的领导人的国家更容易出现援助的涓流效应，品尝到全球发展的"大蛋糕"，也更容易发生官方援助对经常项目的改善。

表 5 – 14　　　　　官方援助净流入影响经常项目的机制检验：
政府控制腐败的能力

变量	(1)	(2)
	ca_ gdp	ca_ gdp
aid * controlcorruption	0. 110 **	0. 112 **
	(0. 046)	(0. 057)
aid_ net_ gdp	0. 052	0. 020
	(0. 046)	(0. 063)
controlcorruption	− 0. 027 **	− 0. 024 *
	(0. 012)	(0. 012)
常数项	− 0. 065 ***	− 0. 300
	(0. 008)	(0. 210)
控制变量	NO	YES
国家固定	YES	YES
年份固定	YES	YES
观测值	723	723
R^2	0. 386	0. 460

2. 人力资本水平

本小节研究受援助国家的人力资本水平对官方援助再平衡效果的影响。Crowther（1957）早就意识到当地劳动力的数量和质量等无形要素都会决定外来援助的增长效应，这是影响对援助的吸收能力的关键。较高的人力资本水平会更好地进行产业学习，能与外资企业建立更为健康有序的行业合作和竞争，也会激发开发或拓展市场的劲头，向经常项目改善的方向发展。于滨铜等（2021）在研究中国援助扶贫工作时，同样发现人力资本投入水平和资金援助交织对中国减贫发挥了重要作用。样本国家的人力资本数据（humancapital）来自荷兰格罗宁根大学增长与发展中心（Groningen Growth and Development Centre）公布的第十版 Penn World Table 数据库（Feenstra et al. , 2015），基于受教育年限和教育回报率计算得出人力资本指数，指数越高，人力资本水平越高。

表 5 – 15 的检验结果显示，交互项系数显著为负，整体上人力资本指数的
增加会减弱官方援助改善经常项目的程度，这与预想结论不一致。在人力资本
水平很低时，人力资本水平的提高反而会带来对官方援助的误用。过低的人力
资本水平可能导致不理智的个人选择和市场行为，低水平的提高不足以产生明
显的增长效应和改善效果。这种情况在中国也适用。在中国贫困地区的发展初
期，人力资本的提高程度要高于资金援助，否则在人力资本水平较低，提高程
度不明显时，受援国容易陷入"福利陷阱"（于滨铜　等，2021）。

表 5 – 15　　官方援助净流入影响经常项目的机制检验：人力资本水平

变量	(1)	(2)
	ca_gdp	ca_gdp
$aid * humancapital$	– 0.210 ***	– 0.169 ***
	(0.046)	(0.047)
aid_net_gdp	– 0.051	– 0.056
	(0.035)	(0.036)
$humancapital$	0.034 ***	0.031 **
	(0.012)	(0.012)
常数项	– 0.078 **	– 0.515 *
	(0.034)	(0.300)
控制变量	YES	YES
国家固定	YES	YES
年份固定	YES	YES
观测值	763	763
R^2	0.387	0.438

5.5.4　个人汇款影响经常项目的机制检验

个人汇款是市场上微观主体的自发行为，行为主体是家庭，因此，本书从
微观家庭视角选择调节变量，考虑家庭的行为决策。个人汇款主要用于满足收
款家庭的生存生产需求、购买生活消费品、房屋建筑和修理、购买土地等
（吴元，2022）。劳工移民的动力主要来自本国与国外收入水平的差距，经济
移民期望获得更高工资水平，汇回大额汇款，提高家庭生活水平。个人汇款对

经常项目的影响一方面通过提高物质和人力资本积累，进而提高生产能力；另一方面通过当地居民对进口商品的消费倾向直接作用于经常项目。因此，本书选择国内外收入差距和进口商品结构作为调节变量。

1. 国内外人均收入差异

本小节考察国内外人均收入水平差异在个人汇款影响经常项目过程中的作用。一方面，经济发展水平差异会干扰移民倾向，当人员可自由流动时，差异过大会提高低发展水平下的国家人口的移民倾向（Faini，2006）；另一方面，国内外人均收入水平的差异会影响经济移民后等量个人汇款在国内的购买力。差异越大，等额外汇资金的流入对应更高的消费能力。国内外人均收入水平的差异越大，个人汇款对母国的积极作用应更加明显。但学术界的悲观主义认为，这会扩大两国之间的发展差距（王颖和姚宝珍，2021）。另外，国内收入水平影响进口需求，国外收入水平影响外部需求。考虑经济移民目的的复杂性，选取本国人均收入与世界人均收入的差距衡量国内外人均收入水平差异。数据来自世界发展指标数据库，变量名称设为 $relativegdppc$。

表 5 - 16 的结果显示，个人汇款和国内外收入差距交互项的系数均显著为正，这意味着国内外人均收入差异大的国家更容易享受个人汇款对经常项目的改善，验证假说 3。差距越大，即母国人均收入水平很低时，经济移民通过个人汇款可以改善国内生活状态，改善经常项目，增加国内消费。这与已有研究结论一致（Faini，2006；王颖和姚宝珍，2021）。由于样本国家均为中低收入或低收入国家，整体人均收入水平低于世界平均水平，此时经济移民的负面效应（如母国劳动力流失）会减弱，个人汇款在母国发挥积极作用。

表 5 - 16　个人汇款净流入影响经常项目的机制检验：国内外人均收入差异

变量	(1)	(2)
	ca_ gdp	ca_ gdp
pr * relativegdppc	2.822 ***	2.838 ***
	(0.717)	(0.788)
pr_ net_ gdp	0.253 **	0.343 **
	(0.108)	(0.133)
relativegdppc	- 0.138 **	- 0.108
	(0.058)	(0.088)

续表

变量	（1） ca_ gdp	（2） ca_ gdp
常数项	− 0.096	− 1.533 **
	(0.077)	(0.752)
控制变量	NO	YES
国家固定	YES	YES
时间固定	YES	YES
观测值	913	913
R^2	0.360	0.426

2. 进口商品结构

由理论模型已知，母国居民对进口品的消费倾向会影响个人汇款对经常项目的作用。个人汇款增加居民的可支配收入，增加消费需求。其中，在食物上的支出约占家庭收到海外汇款的30%（林勇，2009），本质是国家有更高的恩格尔系数。对于低收入和中低收入国家的居民来说，增加的进口需求主要考虑对"油和米"等基本生产生活物资的需求，因为这是维系生活的底线。因此，本书选用"油和米"的进口额占商品总进口额的比重（ag_ mi_ imports）衡量对国外市场的基础需求。数据来源于世界贸易组织（WTO）公布的各国各商品种类的进口额，计算得到农产品和能源进口额总和在总商品进口额中的比例。假定"油和米"占进口商品总额的份额越高，即国内对国际商品市场越依赖，对进口品的消费倾向越高。表5 − 17为进口商品结构对个人汇款净流入影响经常项目的机制检验结果。

表5 − 17　个人汇款净流入影响经常项目的机制检验：进口商品结构

变量	（1） ca_ gdp	（2） ca_ gdp
pr * ag_ mi_ imports	− 1.478 **	− 1.364 **
	(0.661)	(0.632)
pr_ net_ gdp	− 0.512	− 0.093
	(0.314)	(0.301)
ag_ mi_ imports	0.015	0.023
	(0.027)	(0.026)

变量	(1)	(2)
	ca_gdp	ca_gdp
常数项	−0.045**	0.193
	(0.019)	(0.155)
控制变量	NO	YES
国家固定	YES	YES
时间固定	NO	NO
观测值	714	714
R^2	0.408	0.497

加入控制变量后，个人汇款净流入与"油和米"的进口额占比的交互项系数为 −1.364，在5%的水平上显著为负。这表明在进口更多"油和米"、对国际市场的基本生产生活物资需求高的国家，个人汇款对经常项目的改善作用会减弱。个人汇款的流入会增加对国际商品市场的需求。较低的进口品的消费倾向 c_f 有利于发挥个人汇款对经常项目的内部融资作用，验证了假说3。

5.6　稳健性检验

为了证明潜在的内生性偏差已得到恰当处理，实证结果具有稳健性，上文已通过逐步引入控制变量、纳入解释变量的滞后项等方式验证了基础回归的稳健性。下文进一步丰富稳健性检验。

5.6.1　不同收入类别的国家分组回归

在选择"富而赤字"和"富而贫穷"的样本国家时，本书选择低收入国家和中低收入国家，但需要思考的是，不同收入水平可能对经常项目赤字再平衡产生差异化的影响。2020年世界银行界定中低收入水平国家和低收入水平国家的人均 GNI 临界值分别是4045美元和1036美元，本书采用这一标准划分低收入国家和中低收入国家。为了验证这一问题，本书在稳健性检验中补充了不同收入分类下的国家经常项目再平衡驱动因素的检验结果，如表 5 − 18

所示。

表 5 - 18　　　　　　**稳健性检验：不同收入水平的国别分组**

变量	（1）ca_ gdp	（2）ca_ gdp	（3）ca_ gdp	（4）ca_ gdp
低收入国家				
exdebt_ net_ gdp	- 0. 082 ***			
	（0. 030）			
fdi_ net_ gdp		- 0. 367 ***		
		（0. 114）		
aid_ net_ gdp			- 0. 060 *	
			（0. 034）	
pr_ net_ gdp				- 0. 081
				（0. 153）
常数项	- 0. 536 *	- 0. 127	- 0. 306	- 0. 482
	（0. 292）	（0. 286）	（0. 243）	（0. 327）
控制变量	YES	YES	YES	YES
国家固定	YES	YES	YES	YES
时间固定	YES	YES	YES	YES
观测值	618	426	618	618
R^2	0. 466	0. 693	0. 526	0. 459
中低收入国家				
变量	（1）ca_ gdp	（2）ca_ gdp	（3）ca_ gdp	（4）ca_ gdp
exdebt_ net_ gdp	- 0. 221 **			
	（0. 088）			
fdi_ net_ gdp		- 0. 812 ***		
		（0. 173）		
aid_ net_ gdp			0. 003	
			（0. 085）	
pr_ net_ gdp				0. 554 *
				（0. 285）
常数项	- 0. 961 ***	- 0. 112	- 0. 861	- 0. 616
	（0. 366）	（0. 248）	（0. 545）	（0. 548）

变量	（1） ca_ gdp	（2） ca_ gdp	（3） ca_ gdp	（4） ca_ gdp
控制变量	YES	YES	YES	YES
国家固定	YES	YES	YES	YES
时间固定	YES	YES	YES	YES
观测值	288	280	288	288
R^2	0.665	0.300	0.642	0.649

注：由于个别国家在个别时期为中高收入国家，中低收入国家回归中的观测值与低收入国家回归中的观测值之和小于总样本回归中的观测值。

在中低收入国家和低收入国家的分组回归结果中，外债净流入和外国直接投资净流入的回归系数的符号均与整体回归结果一致，这表明结果在不同国家群体之间的稳健性。但中低收入国家的回归系数绝对值明显大于低收入国家的回归系数绝对值，原因可能是相较于低收入国家，中低收入国家融入全球化市场的程度较深，为经常项目赤字融资时，相对较容易吸收境外资金，境外资金的规模和方向更容易且更大程度地对中低收入国家产生影响。值得注意的是，在低收入国家样本中，官方援助在10%的显著性水平下不利于经常项目再平衡，这与上文分析低收入国家的政府治理能力以及低人力资本水平有关。在中低收入国家样本中，个人汇款有利于经常项目改善，与整体结果一致。

另外，部分控制变量在不同收入水平的国家有不同的作用。例如，贸易开放度在中低收入国家显著为正，但在低收入样本国家以及整体样本的回归结果均显示与经常项目差额显著负相关。低收入国家在贸易开放中存在较严重的开放机制问题。相较于中低收入国家，自然资源租金收入占比对低收入国家是更重要的再平衡因素。

5.6.2　使用自变量滞后项

考虑到经常项目跨期平衡的时间长度，以及资金流入发挥作用可能存在的时滞效应，下文对模型中的解释变量再次滞后一期，获得当期资金流入对第二期经常项目差额影响的回归结果。再次对各解释变量滞后的估计结果如表5－19所示。与基础回归结果相比，外债净流入、外国直接投资净流入、官方援助净流入和个人汇款净流入的回归系数的方向未发生改变，且依旧具有显著性，可以认为上文的回归结果是稳健的。这也表明经常项目再平衡的调整是一个长期过程，难以在短期快速实现。

表 5 - 19　　　　　　稳健性检验：使用自变量滞后项回归

变量	（1）	（2）	（3）	（4）
	ca_ gdp	ca_ gdp	ca_ gdp	ca_ gdp
exdebt_ net_ gdp	- 0. 058 **			
	(0. 029)			
fdi_ net_ gdp		- 0. 173 ***		
		(0. 066)		
aid_ net_ gdp			0. 093 **	
			(0. 038)	
pr_ net_ gdp				0. 267 ***
				(0. 093)
常数项	- 0. 455 *	- 0. 617 **	- 0. 512 **	- 0. 595 **
	(0. 232)	(0. 249)	(0. 230)	(0. 236)
滞后的控制变量	YES	YES	YES	YES
国家固定	YES	YES	YES	YES
时间固定	YES	YES	YES	YES
观测值	889	690	889	889
R^2	0. 405	0. 557	0. 411	0. 408

5.6.3　调整估计区间

2008 年国际金融危机爆发后，全球资本流动规模急剧萎缩，各国经济政策预期效果的不确定性上升，市场恐慌情绪上涨，国际资本流动撤回或骤停频频发生（曾松林　等，2021）。随后，国际资本市场逐步恢复，直到2020 年才恢复到危机前的峰值水平（曾松林　等，2022）。芝加哥期权交易所发布的恐慌指数 VIX 是投资者对国际市场信心的"晴雨表"，反映市场风险。由图 5 - 2 可知，2009—2020 年，波动率极值出现的次数增加，频率明显提高。投资者在经历国际金融危机后更容易产生恐慌情绪，波动幅度不大但频繁。这深刻影响了国际投资者的投资意愿和投资规模，债务型融资和外国直接投资流入规模也会受其影响。此外，VIX 在新冠疫情暴发后达到峰值，选取 2008 年之后的数据对当下的参考意义更大。观察 2008 年国际金融危机后，投资者情绪不稳时四种跨境资金流入对经常项目的影响更具真实性。因此，本书选取 2008 年之后的数据进行实证分析能较好地验证基础回归结果的稳健性（见表 5 – 20）。

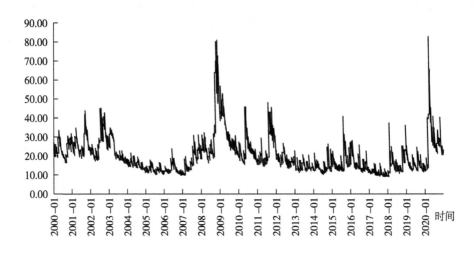

图 5 – 2　国际市场恐慌指数 VIX 趋势（2000 年 1 月至 2020 年 12 月）

（资料来源：Wind 数据库）

表 5 – 20　　　　　　　　　　稳健性检验：调整估计区间

变量	（1） ca_ gdp	（2） ca_ gdp	（3） ca_ gdp	（4） ca_ gdp
exdebt_ net_ gdp	− 0. 207 ***			
	（0. 064）			
fdi_ net_ gdp		− 0. 460 ***		
		（0. 121）		
aid_ net_ gdp			0. 119 *	
			（0. 062）	
pr_ net_ gdp				0. 378 ***
				（0. 075）
常数项	− 0. 154	− 0. 805	− 0. 658 **	− 0. 269
	（0. 518）	（0. 789）	（0. 287）	（0. 336）

变量	（1）	（2）	（3）	（4）
	ca_ gdp	*ca_ gdp*	*ca_ gdp*	*ca_ gdp*
控制变量	YES	YES	YES	YES
国家固定	YES	YES	YES	YES
时间固定	YES	YES	YES	YES
观测值	426	359	426	426
R^2	0.690	0.738	0.671	0.178

回归结果显示，*exdebt_ net_ gdp* 和 *fdi_ net_ gdp* 对跨期经常项目差额占比依然为负效应，*aid_ net_ gdp* 和 *pr_ net_ gdp* 对跨期经常项目差额占比依然为正效应，与基础回归结果一致，再次证明基础回归结果稳健。在控制变量中，大宗商品价格波动程度对经常项目再平衡的显著性减弱。这可能是由于2008 年国际金融危机后外部风险增加时，对外净资产是本国对外履行国际收支义务时的资产和信誉担保，国际大宗商品市场的金融化干扰了世界价格的真实性和对产出的影响。

5.7　本章小结

本章在外部平衡评估法（EBA）的分析框架下构建了经常项目再平衡影响因素的实证模型，采用了双向固定效应的方法重点检验四种资金流入方式，即外债净流入、外国直接投资净流入、官方援助净流入和个人汇款净流入对经常项目再平衡的影响。主要结论如下。

第一，从整体上看，外债净流入和外国直接投资净流入增加经常项目平衡难度，官方援助净流入和个人汇款净流入有利于经常项目赤字再平衡，与第3章的理论分析结果一致。自然资源租金、贸易条件、大宗商品价格变化、政府支出、人口抚养比是经常项目再平衡的正向因素，私人部门贷款和贸易开放度是负向因素。周期性因素对经常项目再平衡的作用更大。

第二，四种融资方式对样本国家国内生产能力的作用存在差异，这是经常项目再平衡的核心。区分资金流入方式时，外债未实现国内生产能力形成，外国直接投资的增长效应不确定，官方援助和个人汇款有积极作用。区分产业时，外国直接投资、官方援助和个人汇款均提升了第一产业的劳动生产率，外国直接投资冲击了第二产业，不利于推进国内工业化。样本国家更需要注重增长的第一来源，即物质资本的有效积累，而非盲目引入高新技术。

第三，结合理论模型和资金流入国的宏观环境，选择调节变量进行机制检验。首先，当外债流入时，世界利率水平的降低扩大债务规模，衍生出加剧的债务风险和债务依赖，加大再平衡难度。在内部金融压抑的样本国家，金融普惠程度更高的经济体反而会加强外债对经常项目的负作用。其次，当外国直接投资流入时，利润再投资规模的增加会削弱外国直接投资对经常项目的负效应，国内高税率的营商环境会加重 FDI 对经常项目赤字的平衡难度。再次，政府控制腐败能力越强的国家能进一步增强官方援助对经常项目的正向作用，但由于人力资本水平普遍较低，此时人力资本水平的提高反而会激发部分牟取私利的动机，不利于再平衡。最后，较高的进口消费倾向会降低个人汇款对经常项目的正向作用，与国外收入水平差异越大的国家更容易从经济移民和个人汇款中获得收入的提高和经常项目的改善。

第四，通过对国家分类、使用自变量滞后项和调整估计区间的方法检验了基础回归结果的稳健性。其中，中低收入国家的核心解释变量系数绝对值明显大于低收入国家。2008 年国际金融危机后，跨境资金流入的波动性增强，四种资金净流入对经常项目的作用均增强。

因此，在调整资本和金融项目为经常项目赤字融资时，外国直接投资净流入的再平衡效果优于外债净流入，官方援助和个人汇款是更为理想的经常项目再平衡融资渠道，可考虑融资方式的打包。同时，为经常项目融资的效果受到国内外环境的影响，重点取决于其社会能力。国内金融市场的普惠性、营商环境、政府控制腐败的能力和人力资本水平等都是形成社会能力的要素，影响对外来资本的"吸收能力"。外债净流入和外国直接投资净流入会进一步扩大下期经常项目赤字，要警惕外资依赖和债务风险。另外，虽然外国直接投资在第一产业产生了一定的技术外溢效应，但冲击了第二产业，不利于推进国内工业化。一旦外资企业与国内企业的竞争关系大于互补关系，外资不利于国内自主生产，因此，需要注意外资企业对样本国家的负面效应，尤其在第二产业。

第6章 经常项目赤字再平衡的非经济因素研究

缪尔达尔（2001）在《亚洲的戏剧——南亚国家贫困问题研究》中指出，我们不能脱离政治经济和社会结构讨论经济发展。一国国际收支的表现不仅与经济基本面有关，而且与未来可能发生的风险事件有关。学术界和实体经济部门越来越重视对非经济因素的研究，尤其近年来公共和私人部门对气候变化和自然灾害的关注度明显提高。IMF 已在约 30 个国家的评估报告中纳入气候问题，其中包括严重依赖化石燃料生产的马拉维等样本国家。地缘政治风险威胁全球和平发展的环境。因此，本章将在第 5 章的基础上，拓展经常项目再平衡的非经济因素，探究国家风险中除经济风险外，自然风险和政治风险的影响。

6.1 自然和政治风险的内涵及表现

国家风险内涵不断丰富并演化，从重商主义时期贸易限制的风险，到殖民扩张时期战争和暴乱的风险，再到跨境资本加速流动下的金融风险，对外直接投资中涉及的政治风险，主权债务快速扩张下的主权信用风险（王稳　等，2017；高连和，2020）和国际关系紧张局势下的地缘政治风险。全球规模最大的资产管理公司之一贝莱德（Blackrock）在研究报告中指出，2022 年地缘政治风险最高的十大风险事件依次是全球技术脱钩、重大网络攻击、俄罗斯—北约冲突、重大恐怖袭击、新兴市场政治危机、中美战略竞争、海湾紧张局势、朝鲜冲突、气候政策僵局和欧洲分裂[①]。王海军和奇兰（2011）将经济金融风险、国家主权信用风险和政治风险纳入特定一国的"国家风险"中。

[①] 资料来源：Donilon T. et al. Geopolitical Risk Dashboard ［R］. Blackrock, 2022 - 12 - 06.

本书总结国家风险涉及三个方面：一是宏观经济金融风险，如汇率大幅波动，微观主体很难对冲风险，或东道国债务负担过重，经济没有活力；二是自然风险，即自然灾害与突发事件风险，如气候变化增加了自然灾害发生频率，飓风、火山爆发、地震等自然灾害的发生更多和一国所处地理位置有关；三是社会政治风险，由政治危机、暴力冲突等引发，或者被卷入地缘政治冲突中。国家风险的范围包括母国、东道国和第三方国家或组织。

经常项目的再平衡过程受制于国家风险，非经济因素带来的风险同样会给微观主体带来"资产负债表"效应。当前，全球政治经济环境复杂，气候条件的恶化、公共卫生危机等罕见事件同经济因素一样会放大经济主体风险，放缓经济增长，削弱还债基础，造成长期影响。在 EBA 分析框架内，本书已在第 4 章研究了经济因素对经常项目赤字再平衡的作用，现将国家风险的研究对象落在跨境资金流入国上，关注自然风险和社会政治风险涉及的非经济因素对经常项目的影响。

自然灾害会严重破坏低收入国家和小国的发展进程。相较于非灾害易发国，灾害易发国的福利永久性损失 1.6%，公共债务与 GDP 的比值平均高出 1.54 个百分点（Cantelmo et al.，2019）。以油气为例，自然环境恶化会改变资源开发的可行性和工程设施的稳定性，直接影响露天生产作业的过程，以及后续的运输和储存过程。即使是可再生能源，如光能和风能，其可利用量和稳定性也会受到自然灾害的影响。自然灾害有五种类型，分别为水文灾害（Hydrological）、生物灾害（Biological）、气象灾害（Meteorological）、气候灾害（Climatological）和地质灾害（Geophysical）。图 6-1 展示了 1995—2020 年 40 个国家共同经历的自然灾害次数，总次数高达 2377 次，平均每年约 91 次自然灾害。其中以气候灾害为主，包括干旱、野火等。

全球政治风险明显上升，威胁全球化进程，恶化各国和平增长环境。对此，Caldara and Iacoviello（2021）根据媒体关于地缘政治紧张局势的报道，构建一种新的衡量地缘政治事件风险的指标，地缘政治风险（Geopolitical Risk，GPR）指数。指数越大，风险越大。地缘政治风险有两类，其中，地缘政治威胁（Geopolitical Threats，GPRT）包括战争威胁、和平威胁、军事集结、核威胁和恐怖威胁；发动战争、战争升级和恐怖行为属于地缘政治行为（Geopolitical Acts，GPRA）。

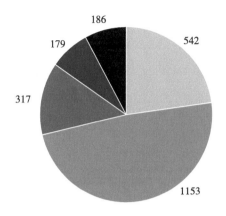

图6-1　样本国家遭受的自然灾害次数

（资料来源：紧急灾难数据库，https：//www.emdat.be/）

图6-2展示了在"9·11"事件后，全球很少出现大型地缘政治危机。但是近五年来，地缘政治风险波动性增强，风险因素更多来自地缘政治威胁，而非地缘政治行为。尤其在2021年，地缘政治事件频发，地缘政治威胁指数从2021年1月的99.21上升为12月的144.88。这说明在国际关系紧张的同时，各国尚有足够的理智减少实际战争行为，但是这并不排除武装冲突事件发生的可能性。国际局势紧张，国家之间关系恶化，最终必然导致经贸脱钩，经济增长受阻，两败俱伤。世界经济一体化、民族国家和大众政治①是"政治三难困境"的三个节点（丹尼·罗德里克，2016）。

另外，社会政治风险与国家治理息息相关。社会政治风险与一国政治环境和该国与其他国家的政治关系有关。包括是否存在暴力等恐怖袭击，争取较长时间的和平环境是发展经济和对外开放的必要条件，稳定的政府才能带来稳定的、有希望的经济发展。因此，本章将探究非经济因素，包括自然风险和政治风险对经常项目的影响，以及通过跨境资本流动影响对经常项目赤字融资的作用，这对国际经济和政治体系中的弱势国家具有重要的现实意义。

---

①　大众政治指授权的不受限制的政治体制，政治动员度很高，如布雷顿森林体系。详见丹尼·罗德里克著，《一种经济学多种药方》，张军扩、侯永志等译，北京：中信出版社，2016。

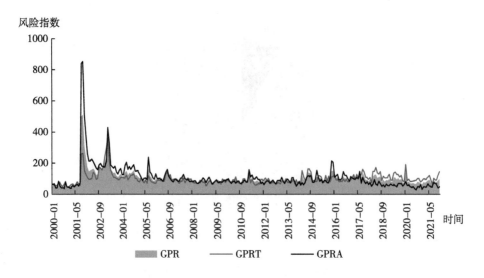

图 6 − 2　地缘政治风险、威胁和行为指数

（资料来源：Economic Policy Uncertainty 官网，http：//www. policyuncertainty. com/gpr. html）

6.2　自然和政治风险对跨境资金流动的影响

　　理论上，资金流动具有避险效应，会从高风险的经济体转移至安全的经济体。政治不稳定会使个人、企业等微观主体担心政府可能以某种方式侵蚀其持有的资产的未来价值，包括但不限于没收、国有化和征用，不利于银行和贸易相关贷款、外国直接投资和发展援助（Lensink et al.，2000）。社会政治风险的增加使银行限制贷款规模，以减少潜在损失，加大了微观部门获得外部信贷的难度（Hu and Gong，2019）；融资状况恶化时较高的偿债成本会降低项目投资收益率，推动资本从新兴经济体流向发达国家（Caldara and Iacoviello，2021）。政治风险还会造成各国之间的利率差异，产生政治风险溢价（Dooley and Isard，1980），增加企业应对商业环境不确定性的组织成本。东道国对跨国企业的保护有限，抑制跨国企业的对外直接投资（王灏和孙谦，2018）。政府腐败、政策执行力度弱会对外国直接投资流入产生摩擦（郑磊，2017），但可能该国更容易产生寻租行为，有利于企业规避监管（Egger and Winner，2005）。
　　政治风险对跨境资金流动存在国别和投资类型的异质性。在亚洲，中国和俄罗斯的地缘政治风险对企业投资的影响大于印度和土耳其，投资不可逆的企业更注重东道国的政治风险（Le and Tran，2021），对非金融企业的抑制作用更大（韦军亮和陈漓高，2009）。其中，中国对非洲国家的投资对政治风险有较高的承受性（高建刚，2011）。中国对外直接投资对高政治风险国家的偏向性在 2011 年后逐渐消失（王灏和孙谦，2018）。Nguyen et al.（2022）以 18 个新兴经济体为样本，通过反事实模拟法定量分析政治风险对外国直接投资方面的影响很小。

　　综上所述，已有文献为研究非经济因素对经常项目和跨境资金的影响奠定了一定的基础，但这一影响存在国别和研究时间区间上的差异，文献较少从跨境资本流动角度切入，思考其为经常项目赤字融资的职能。本章的主要边际贡献在于在第 5 章基础上，扩展研究经常项目再平衡的非经济因素，阐述样本国家的自然风险和政治风险对"富而赤字"国家经常项目的影响，从债务型融资、外国直接投资、官方援助和个人汇款的视角观察其作用渠道，旨在通过融资建立应对负向冲击的韧性。

6.3　外源性冲击影响经常项目的理论假说

　　不同于市场经济内部变化带来的冲击，本节将政治风险和自然风险视为外源性冲击，它是不受当事人控制的、导致国际契约无法履行的风险。为说明这类外源性冲击对经常项目的影响，本章参考 Cantelmo et al.（2019）在 IMF 工作论文中构建的三部门的小型开放经济体真实经济周期模型，建立了单一商品结构的小型开放经济体理论模型。

　　该经济体的企业部门持续存在，满足柯布—道格拉斯生产函数，表示为：

$$y_t = A_t \left(k_{i,t}^{1-\alpha_g} k_{g,t}^{\alpha_g} \right)^\alpha l_t^{1-\alpha} \tag{6-1}$$

其中，y 为总产出，A 是全要素生产率，$k_{i,t}$ 为企业私人部门的资本存量，$k_{g,t}$ 为公共部门的资本存量，l 为劳动供给量。α 为资本的产出份额，α_g 为公共资本占总资本存量的份额，均处于 0~1。对等式两边同时取对数，得：

$$\log y_t = \log A_t + \alpha \log k_{i,t}^{1-\alpha_g} k_{g,t}^{\alpha_g} + (1-\alpha) l_t$$
$$= \log A_t + \left[\alpha(1-\alpha_g) \log k_{i,t} + \alpha\alpha_g \log k_{g,t} \right] + (1-\alpha) l_t \tag{6-2}$$

社会总资本包括私人资本$k_{i,t}$和公共资本$k_{g,t}$，折旧率均为δ，为实现最优资本存量，尚需新增对应投资量$x_{i,t}$和$x_{g,t}$，即最优资本存量等于上期折旧后余量与新增投资之和。两种资本存量的表达式分别为：

$$k_{i,t}^{*} = (1 - \delta)k_{i,t-1} + x_{i,t} \tag{6-3}$$

$$k_{g,t}^{*} = (1 - \delta)k_{g,t-1} + x_{g,t} \tag{6-4}$$

在t期期初，实际资本存量的变化等于上一期的最优资本扣除期初发生外源性冲击导致的一次性永久资本损失。d_t是独立同分布的虚拟变量。$d_t = 1$即发生冲击的概率为p_d，$d_t = 0$即没发生冲击的概率为$1 - p_d$。一旦发生外源性冲击，$d_t = 1$，实际资本存量k_t将按照θ_t的数量永久性折旧，私人资本承担的比例为β，公共资本承担的比例为$1 - \beta$。私人资本和公共资本在可能外源性冲击下的演变路径对应式（6-5）和式（6-6），冲击下资本永久性损失θ_t的等式为式（6-7）。这一设定借鉴了Fernandez - Villaverde and Levintal（2018）对灾难的设定，使式（6-7）可定义冲击为随机波动。其中，$\varepsilon_{i,t}$表示为正态分布的冲击，均值为0，标准差为1，σ_θ衡量波动性。

$$\log k_{i,t} = \log k_{i,t-1}^{*} - d_t\beta\theta_t \tag{6-5}$$

$$\log k_{g,t} = \log k_{g,t-1}^{*} - d_t\big[(1-\beta)\theta_t\big] \tag{6-6}$$

$$\theta_t = p_d\theta_1 + (1 - p_d)\theta_0 + \sigma_\theta\varepsilon_{\theta,t} \tag{6-7}$$

由此，式（6-2）进一步表示为：

$$\log y_t = \log A_t + \log k_{i,t-1}^{1-\alpha_g}k_{g,t-1}^{\alpha_g} - \big[\beta(1-\alpha) + \alpha(1-\beta)\big]d_t\theta_t + \log l_{i,t} \tag{6-8}$$

再同时对等式两边幂运算，得：

$$y_t = A_t k_{i,t-1}^{1-\alpha_g}k_{g,t-1}^{\alpha_g}\exp\big\{-\big[\beta(1-\alpha) + \alpha(1-\beta)\big]d_t\theta_t\big\}l_{i,t} \tag{6-9}$$

已知市场出清时的均衡条件为总产出等于总需求，表示为式（6-10），联立式（6-9），整理得式（6-11）。其中，c_t为私人部门消费需求，g_t为政府消费需求，$x_{ga,t}$为官方援助中的投资需求，n_t为净出口需求。

$$y_t = c_t + x_{i,t} + g_t + x_{g,t} + x_{ga,t} + ca_t \tag{6-10}$$

$$ca_t = A_t k_{i,t-1}^{1-\alpha_g}k_{g,t-1}^{\alpha_g}\exp\big\{-\big[\beta(1-\alpha) + \alpha(1-\beta)\big]d_t\theta_t\big\}l_{i,t} - \big[(k_{i,t}^{*} + k_{g,t}^{*}) -$$
$$(1-\delta)(k_{i,t-1} + k_{g,t-1})\big] - c_t - g - x_{ga,t} \tag{6-11}$$

则外源性冲击事件对贸易差额的边际影响为：

$$\frac{\partial ca_t}{\partial d_t \theta_t} = -A_t k_{i,t-1}^{1-\alpha_g} k_{g,t-1}^{\alpha_g} l_{i,t} [\beta(1-\alpha) + \alpha(1-\beta)]$$

$$\exp\{[-(1-\alpha)\beta - \alpha(1-\beta)]d_t \theta_t\} \qquad (6-12)$$

由式（6-12）可知，$\frac{\partial n_t}{\partial d_t \theta_t} < 0$，表明外源性冲击事件对贸易差额的一阶偏导数为负，冲击事件的发生，包括冲击事件发生概率的提高或造成一次性损失的增加，都会减少净出口需求。由此提出本书的假说 4。

假说 4：外源性负向冲击不利于经常项目赤字的再平衡。

另外，外源性冲击影响国际资本流动。外源性冲击对主权信用评级产生不利影响，增加了借贷成本和主权债务违约的可能性，影响本国债务型融资的能力和对外国直接投资的吸引力和吸收能力（Cevik and Jalles，2020）。自然灾害还会导致发展中国家外国援助的大幅增加，这在较贫穷的国家会大幅增加移民汇款，在较富裕的国家会刺激更多的贷款流入，抵消私人资金流入的下降（Yang，2006）。事实表明，在经济危机、政治冲突和灾难性事件期间，跨境汇款显著增加（Mohapatra et al.，2012；Le De et al.，2013）。汇款是低收入国家居民多样化生计的主要方式，既是居民在国内经济环境脆弱时的行为选择，也是应对灾难和从冲击中恢复的重要力量。结合式（6-12），外源性冲击对经常项目的影响与全要素生产率、私人和公共资本存量、劳动供给量等有关。第 5 章已经验证了四种不同跨境资金流入的生产路径，会影响生产能力和本国资本积累过程。由此本书认为，外源性冲击带来的经常项目再平衡效果与四种跨境资金流入形式有关，提出假说 5。

假说 5：一国国内的政治风险和自然风险会通过外债、外国直接投资、官方援助和个人汇款净流入对经常项目产生间接影响。

6.4　变量说明和模型构建

6.4.1　变量说明

基于上文的分析，本章将依次探讨一国自然风险和政治风险，以及全球政治风险对经常项目的影响，被解释变量同第 5 章，依然为经常项目差额与 GDP 之比。选取的核心解释变量如下。

国内自然风险：自然灾害导致的累计死亡人数（lndeath）。原始数据选自全球紧急事件数据库（EM‐DAT）。若构建虚拟变量，取值为 0 表示无灾难，取值为 1 表示有灾难发生。结果显示，观测值绝大多数为 1，可能存在严重共线性问题。因此，本书决定构建连续型变量，将死亡人数累计值作为衡量自然风险大小的代理变量。不同于单次灾害死亡人数存在较大波动性且大量为 0，累计值类似存量数据，更加平稳，能反映长期影响。再对累计值取对数，值越大，说明死亡人数在增加，灾害越严重。这一方法参照了已有文献对直接投资的数据处理过程（张建和李占风，2020）。

国内政治风险：政治稳定指数的变化值（d_ stability）。世界银行公布的全球治理指数用 5 个维度的指标描绘制度环境，分别对应政治稳定、政府效率、监管质量、法律规制和腐败治理五个方面。Asongu et al.（2016）、李景睿和王佳梓（2022）等均使用该变量研究政府治理等相关话题。本章重点关注广泛意义的政治风险，即暴力冲突、恐怖主义等意外事件导致政局不稳的风险，选择 WGI 子指标政治稳定、无暴力和无恐怖主义指数。作为意外性事件，政治风险会导致政治稳定指数脱离平稳发展的轨道，加大政治稳定的变动，因此，采用政治稳定指数的变动值衡量政治风险的大小。因该指数存在负值，无法取对数，这里参照丁剑平和白瑞晨（2022）的做法，使用变量差分项探究可能的动态影响，更能呈现政治稳定向好或向坏的变动幅度，而且一阶差分的引入还有助于进行内生性检验（温军和杨荻，2022）。政治风险越高，负冲击越大，政治稳定性指数下降幅度就越大。但由于冲击后与原始的政治稳定指数的差值为负，其绝对值变大，数值变小，即代理变量 d_ stability 越小，政治风险带来的负向冲击越大[①]。

此外，外债净流入（exdebt_ net_ gdp）、外国直接投资净流入（fdi_ net_ gdp）、官方援助净流入（aid_ net_ gdp）、个人汇款净流入（pr_ net_ gdp）为本章实证研究的机制变量。表 6‐1 是对主要变量的说明。

[①] 常有文献使用全球各国风险指南（International Country Risk Guide，ICGR）中的政治风险指数及其子项衡量政治风险，但该数据库缺失了本书 10 个样本国家的数据，因此，文中仍选用 WGI 数据库进行基准回归，仅用 ICGR 数据库进行稳健性检验。

表 6 - 1　　　　　　　　　　　　　主要变量说明

类型	变量名	变量含义	数据来源
被解释变量	*ca_ gdp*	经常项目差额占 GDP 比值	WEO
核心解释变量	*lndeath*	自然灾害导致的死亡人数累计值	EM - DAT
	d_ stability	政治稳定性指数的变动	WGI
机制变量	*exdebt_ net_ gdp*	外债净流入占 GDP 比值	IDS
	fdi_ net_ gdp	外国直接投资净流入占 GDP 比值	IMF
	aid_ net_ gdp	官方援助净流入占 GDP 比值	WDI
	pr_ net_ gdp	个人汇款净流入占 GDP 比值	WDI

同第 5 章，控制变量包括结构性变量（*nrr_ gdp*，ln*gdppc*2015，ln*fasset_ net_ gdp*，*agedep*）、周期性变量（*termsoftrade*，*tradeopen*，*worldprice*）、金融性变量（*pdebt_ gdp*，*exchange*）和政策性变量（*govexp_ gdp*）。第 5 章已对控制变量进行说明，这里不再赘述。

6.4.2　数据说明

本章选取了 1995—2020 年资源丰裕型且经常项目赤字发展中国家的基础经济数据。紧急灾难数据库在 1995 年开始记录样本国家每次自然灾害的情况，1996 年世界银行才开始公布全球治理指数，因此为尽可能包括更多观测值，以数据库公开年份为起点，2020 年为终点。全球地缘政治指数数据年份为1995—2020 年。

Cantelmo et al.（2019）将 1998—2017 年每年每 1000 平方公里自然灾害发生的概率进行排序，其中卢旺达（Rwanda）、几内亚比绍（Guinea - Bissau）、马拉维（Malawi）、多哥（Togo）、塔吉克斯坦（Tajikistan）、塞拉利昂（Sierra Leone）、尼加拉瓜（Nicaragua）、不丹（Bhutan）、塞内加尔（Senegal）、贝宁（Benin）、乌干达（Uganda）、布基纳法索（Burkina Faso）均在前50% 的行列[①]。样本国家中既包含灾难易发国，又包含灾难不易发国。其中，

[①]　Cantelmo et al.（2019）的研究覆盖了 129 个国家，定义每年每 1000 平方公里的自然灾害发生的概率排列前 25% 的国家为灾难易发国，初始样本量远远大于本章。并且，本章是在 40 个样本国家中区分灾难易发和不易发的国家，不是在全球范围内判定。

干旱、洪涝和风暴是三个最常见且最具有破坏性的自然灾害。

作为社会政治风险的代理变量，2020 年政治稳定性和政府效能指数排名前五位和后五位的国家如图 6 - 3 所示。

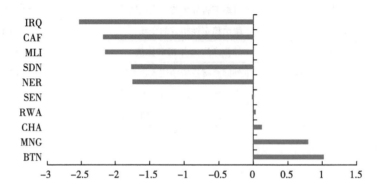

图 6 - 3   2020 年样本国家中政治稳定排名前五位和后五位的国家

(资料来源：WGI 数据库)

更多国家政治稳定性为负。以 2020 年为例，政局稳定无暴力指数排名前五位国家依次是不丹、蒙古国、加纳、卢旺达、塞内加尔，排名后五位国家依次是尼日尔、苏丹共和国、马里、中非共和国、伊拉克。不丹的政治环境相对较好，中非共和国的政治风险较高。其中，在中非，武装组织"中非复兴人民阵线"和"中非解放者正义运动"冲突不断，常处于对抗状态，中非共和国被联合国称为"世界上人道主义工作环境最危险的国家之一"①。

表 6 - 2 为核心解释变量的描述性统计结果。第一，死亡人数累计值波动很大，达到 12.19%，这意味着存在突发的、严重的自然灾害，导致死亡人数在特定时期猛增。死亡人数累计值最小为 0，是因为部分国家在起始年份 1995年未发生自然灾害，死亡人数为 0。第二，政治稳定性平均值为负，再次验证样本国家的平均政府治理能力不高。政治稳定性原始数值范围为 - 2.5 ~ 2.5，最大值和最小值差距较大，说明样本国家之间的政治稳定性差异更大，个别国家的政治稳定性过低。

---

① 吕强，中非共和国内部武装冲突不断，《人民日报》，2020 - 02 - 04，第 17 版，http：// paper. people. com. cn/rmrb/html/2020 - 02/04/nw. D110000renmrb_ 20200204_ 3 - 17. htm，2022 - 11 - 18。

表 6 - 2   核心解释变量的描述性统计

变量	平均值	标准差	最小值	最大值
ln*death*	6. 8734	1. 9794	0	12. 1906
d_ stability	− 0. 0214	0. 4593	− 3. 5195	3. 1758

在基础回归前，首先度量并判断各解释变量之间可能存在的多重共线性问题。方差膨胀因子 VIF 检验结果显示，所有解释变量的 VIF 值均远小于 10，不存在多重共线性。

6.4.3　实证模型构建

在研究国内自然风险和政治风险的驱动作用时，本章借鉴王海军和齐兰（2011）的研究思路，建立自然和社会政治风险对经常项目的动态实证分析模型，分析对经常项目的直接和间接影响，同第 5 章，采用双向固定效应模型建立实证回归方程。计量模型构建如下：

$$ca\_\ gdp_{it} = \beta_0 + \beta_1 Risk_{it-1} + \beta_1 exdebt\_\ net\_\ gdp_{it-1} + \beta_2 fdi\_\ net\_\ gdp_{it-1} +$$
$$\beta_3 aid\_\ net\_\ gdp_{it-1} + \beta_4 pr\_\ net\_\ gdp_{it-1} + \beta_5 Risk_{it-1} \times exdebt\_\ net\_\ gdp_{it-1} +$$
$$\beta_6 Risk_{it-1} \times fdi\_\ net\_\ gdp_{it-1} + \beta_7 Risk_{it-1} \times aid\_\ net\_\ gdp_{it-1} +$$
$$\beta_8 Risk_{it-1} \times pr\_\ net\_\ gdp_{i,t-1} + \beta_9 X_{it-1} + \mu_i + \delta_t + \varepsilon_{it}$$

$$(6 - 13)$$

其中，下标 i 为国家，t 代表年份。$Risk_{it-1}$ 为自然和政治风险的代理变量，是核心解释变量，本章将依次代入模型（6 - 13）的核心解释变量 ln*death*，*d_ stability*。X_{it-1} 是控制变量的集合，包含结构性、周期性、金融性和政策性四类变量，μ_i 是国家固定效应，δ_t 是时间固定效应，ε_{it} 是随机误差项。β_1 为核心解释变量对经常项目差额的直接影响，β_5、β_6、β_7、β_8 分别表示核心解释变量通过外债、外国直接投资、官方援助和个人汇款的净流入对经常项目产生的间接影响。在经常项目跨期均衡的研究中，为尽可能减少内生性问题的影响，解释变量同样采用滞后一期，与第 5 章处理方法一样。但其中政治稳定指数的变化值体现上一期至当期的政治风险，故不再采用滞后一期。

6.5　实证结果分析

6.5.1　自然风险对经常项目的影响

表 6 - 3 报告了自然灾害影响经常项目的回归结果。列（1）为基础回归结果，展示了自然灾害的直接影响；列（2）至列（5）为单独依次引入外债、外国直接投资、官方援助和个人汇款净流入及其对应的交互项的回归结果；列（6）为包含所有机制变量的回归结果。列（1）显示，死亡人数的估计系数是 - 0. 012，且在 1% 的水平上显著，说明自然风险显著扩大经常项目赤字。自然灾害发生的频次和严重程度都会导致死亡累计人数增长更快，给经常项目带来负向冲击。自然灾害直接造成物质资本和人力资本损失，破坏生产力形成，财富创造能力受损，产生对重建资金的引致需求，国内投资增加，导致更大程度经常项目赤字（IMF，2022）。这一结果符合预期，验证本章的假说4，自然灾害会加重经常项目赤字，不利于再平衡。

表 6 - 3　　　　　　　自然风险影响经常项目的回归结果

变量	(1)	(2)	(3)	(4)	(5)	(6)
	ca_gdp	ca_gdp	ca_gdp	ca_gdp	ca_gdp	ca_gdp
$lndeath\_add$	- 0. 012 ***	- 0. 011 ***	- 0. 010 ***	- 0. 011 ***	- 0. 010 ***	- 0. 011 ***
	(0. 003)	(0. 003)	(0. 003)	(0. 003)	(0. 003)	(0. 003)
$dead*exdebt$		0. 041 **				0. 061 **
		(0. 019)				(0. 025)
$exdebt\_net\_gdp$		- 0. 343 **				- 0. 501 ***
		(0. 142)				(0. 185)
$dead*fdi$			- 0. 156 ***			- 0. 157 ***
			(0. 039)			(0. 040)
$fdiimf\_gdp$			- 0. 391 ***			- 0. 406 ***
			(0. 067)			(0. 062)
$dead*aid$				- 0. 071 ***		- 0. 111 ***
				(0. 019)		(0. 022)

续表

变量	(1)	(2)	(3)	(4)	(5)	(6)
	ca_gdp	ca_gdp	ca_gdp	ca_gdp	ca_gdp	ca_gdp
aid_net_gdp				−0.086		−0.260 *
				(0.060)		(0.134)
$dead*pr$					0.340 ***	0.412 ***
					(0.102)	(0.110)
pr_net_gdp					0.081	0.225 **
					(0.103)	(0.097)
$lngdppc2015$	0.033 *	0.036 **	0.045 *	0.026	0.038 *	0.005
	(0.017)	(0.018)	(0.023)	(0.019)	(0.020)	(0.020)
$fasset\_net\_gdp$	−0.002	−0.010	−0.001	0.002	0.007	0.010
	(0.017)	(0.017)	(0.015)	(0.014)	(0.013)	(0.014)
$agedep$	0.000	0.000	0.001	0.000	0.000	0.001
	(0.001)	(0.001)	(0.001)	(0.001)	(0.001)	(0.001)
nrr_gdp	0.001	0.002	−0.001	0.001	0.001	−0.001
	(0.001)	(0.001)	(0.001)	(0.001)	(0.001)	(0.001)
$termsoftrade$	0.125 *	0.094	0.120	0.152 **	0.158 **	0.182 **
	(0.067)	(0.070)	(0.077)	(0.071)	(0.070)	(0.077)
$tradeopen$	−0.000	−0.000	0.000	−0.000	−0.000	0.000
	(0.000)	(0.000)	(0.000)	(0.000)	(0.000)	(0.000)
$lnworldprice$	0.094 ***	0.085 ***	0.079 ***	0.078 ***	0.095 ***	0.061 **
	(0.024)	(0.024)	(0.027)	(0.023)	(0.025)	(0.030)
$pdebt\_gdp$	−0.001 ***	−0.001 ***	−0.001 ***	−0.001 ***	−0.001 ***	−0.001 ***
	(0.000)	(0.000)	(0.000)	(0.000)	(0.000)	(0.000)
$exchange$	0.007	0.007	0.000	0.000	0.001 ***	0.000
	(0.006)	(0.006)	(0.000)	(0.000)	(0.000)	(0.000)
$govexp\_gdp$	−0.004 ***	−0.004 ***	−0.003 ***	−0.004 ***	−0.004 ***	−0.003 ***
	(0.001)	(0.001)	(0.001)	(0.001)	(0.001)	(0.001)
常数项	−1.317 ***	−1.216 ***	−1.586 ***	−1.225 ***	−1.381 ***	−1.303 ***
	(0.257)	(0.247)	(0.262)	(0.271)	(0.270)	(0.253)
国家固定	YES	YES	YES	YES	YES	YES
时间固定	YES	YES	YES	YES	YES	YES
观测值	806	806	634	806	806	634
R^2	0.490	0.502	0.581	0.460	0.462	0.635

注：*** 表示在1%的显著性水平上显著，** 表示在5%的显著性水平上显著，* 表示在10%的显著性水平上显著，括号内数字为稳健标准误。下表同。

间接影响的具体分析如下。

首先，列（2）显示自然灾害死亡人数与外债净流入的交互项系数显著为正，说明自然灾害增加外债净流入规模影响经常项目，增加对外部的资金需求，弥补了国内私人贷款的减少。外债净流入与 GDP 比值增加，对外债务负担加重，国内生产受到冲击，总供给不足。

其次，列（3）中自然风险指标与外国直接投资净流入的交互项在 1% 的置信水平上显著为负，自然风险通过降低外国直接投资影响经常项目，证明自然风险已成为跨国公司投资决策的重要考虑因素，与 Neise et al.（2022）论述一致，自然风险大的国家，其资本收益具有不确定性，对跨国企业投资的吸引力降低（Anuchitworawong，2015）。

再次，列（4）中自然风险指标与官方援助净流入交互项显著为负，这一结论显示官方援助对自然灾害的帮助十分有限，国际援助力度必须相当大才能获得显著的福利收益，而且事前援助对公共基础设施的建设优于灾害之后的援助（Cantelmo et al.，2019）。列（5）的交互项系数显著为正，说明自然风险会显著带来跨境个人汇款的增加，与多数国家一致。这表明个人汇款作为公众的"自救"方式，在应对自然危机时更有效。

最后，在纳入所有变量后，四种机制共同作用下自然风险总体对经常项目的影响仍显著为负，且四个变量交互项的估计系数依然显著，见列（6）。前文的回归结果具有一定的稳健性，再次验证了自然灾害通过降低外债净流入、降低外国直接投资、减少官方援助和增加个人汇款使经常项目再平衡乏力。

这一结果验证了假说 5，自然灾害风险通过影响国际资本流动的四种方式，使经常项目总体恶化。经验表明，这一趋势将对外部部门产生深远影响。未来，全社会都要关注由气候相关风险导致的系统性金融性危机或潜在金融破坏性事件，即"绿天鹅事件"。此类事件会引发样本国家跨境资本流动方向和规模的变化，造成金融市场的动荡和风险，加重单一经济结构国家经济困局。

6.5.2 政治风险对经常项目的影响

表 6-4 汇报了样本国家政治稳定变化影响经常项目的回归结果。列（1）表明政治稳定性提高对经常项目改善有显著正效应，并且这一结果在逐步引入

外债净流入、官方援助净流入和个人汇款净流入时具有稳健性。政治稳定指数增加幅度提高1个单位，经常项目差额与GDP之比上升0.013。政治环境越稳定，地缘政治风险越低，国内政治风险越低，即更低的社会政治风险会改善经常项目，更高的社会政治风险会恶化经常项目，不利于再平衡，验证本章的假说4。

表6-4　　　　　　　　　政治稳定影响经常项目的回归结果

变量	(1) ca_ gdp	(2) ca_ gdp	(3) ca_ gdp	(4) ca_ gdp	(5) ca_ gdp	(6) ca_ gdp
d_ stability	0.013 ** (0.006)	0.014 * (0.008)	0.003 (0.007)	0.021 *** (0.007)	0.015 ** (0.007)	0.008 (0.011)
d_ stability * exdebt		0.076 (0.121)				0.078 (0.108)
exdebt_ net_ gdp		-0.237 *** (0.044)				-0.181 *** (0.037)
d_ stability * fdi			0.156 *** (0.045)			0.144 *** (0.051)
fdi_ net_ gdp			-0.129 *** (0.038)			-0.130 *** (0.037)
d_ stability * aid				0.206 ** (0.101)		0.043 (0.143)
aid_ net_ gdp				-0.032 (0.054)		-0.147 ** (0.062)
d_ stability * pr					-0.153 (0.121)	-0.068 (0.118)
pr_ net_ gdp					0.308 * (0.157)	0.215 * (0.118)
lngdppc2015	0.010 (0.029)	0.036 *** (0.008)	-0.013 (0.031)	0.007 (0.028)	0.014 (0.027)	-0.012 (0.030)
fasset_ net_ gdp	0.005 (0.023)	-0.002 (0.010)	0.016 (0.027)	0.004 (0.028)	-0.001 (0.028)	0.004 (0.027)
agedep	0.002 (0.001)	-0.000 (0.000)	0.002 * (0.001)	0.002 (0.001)	0.002 * (0.001)	0.002 (0.001)

变量	(1)	(2)	(3)	(4)	(5)	(6)
	ca_ gdp	ca_ gdp	ca_ gdp	ca_ gdp	ca_ gdp	ca_ gdp
nrr_ gdp	-0.000	0.001 **	-0.003 ***	-0.000	-0.000	-0.002 **
	(0.001)	(0.000)	(0.001)	(0.001)	(0.001)	(0.001)
termsoftrade	0.139	-0.083	0.179 *	0.136	0.157 *	0.179 *
	(0.095)	(0.088)	(0.100)	(0.091)	(0.092)	(0.099)
tradeopen	-0.001 ***	-0.000 **	-0.000	-0.001 ***	-0.001 **	-0.000
	(0.000)	(0.000)	(0.000)	(0.000)	(0.000)	(0.000)
lnworldprice	0.052	-0.012	0.062	0.059	0.054	0.041
	(0.070)	(0.078)	(0.063)	(0.067)	(0.068)	(0.062)
pdebt_ gdp	0.000	0.001 **	0.000	0.000	0.000	0.000
	(0.001)	(0.000)	(0.001)	(0.001)	(0.001)	(0.001)
exchange	0.000	0.002	-0.000	0.006	0.008	0.000
	(0.001)	(0.010)	(0.008)	(0.008)	(0.009)	(0.008)
govexp_ gdp	-0.006 ***	-0.003 ***	-0.005 ***	-0.006 ***	-0.006 ***	-0.004 ***
	(0.001)	(0.001)	(0.001)	(0.001)	(0.001)	(0.001)
常数项	-0.605	-0.068	-0.602	-0.628	-0.723	-0.482
	(0.491)	(0.495)	(0.447)	(0.470)	(0.471)	(0.441)
国家固定	YES	YES	YES	YES	YES	YES
时间固定	YES	YES	YES	YES	YES	YES
观测值	527	527	426	527	527	426
R^2	0.528	0.213	0.627	0.550	0.548	0.654

为研究其间接影响，列（2）至列（5）依次引入外债、外国直接投资、官方援助和个人汇款净流入及其对应的交互项，列（6）为包含所有机制变量的回归结果。由列（3）至列（5）可知，政治稳定有利于增加外国直接投资和官方援助，减少个人汇款净流入对经常项目产生间接影响。列（2）显示外债净流入和政治稳定指标的交互项的估计系数不显著。政治不稳定的国家有更高的资金需求，但政治稳定会提高本国的信用评级，更易筹措到资金。同王灏和孙谦（2018）论述一致，政治环境的稳定是对跨国企业的保护，会增加跨国企业的对外直接投资。国内政治不稳定会加速移民，甚至是永久移民。稳定的政治环境是经济稳定增长的前提。这将留住更多的本地工人，减少经济移民

数量，导致个人汇款减少。这部分验证了假说 5，国内政治环境不稳定不利于获得外国直接投资和官方援助，会增加经济移民和个人跨境汇款，且会通过这些渠道影响经常项目。

6.5.3　稳健性检验

6.5.3.1　替换核心解释变量

表 6-5 展示了替换核心解释变量后的实证结果。列（1）为更换了自然灾害风险的代理变量的实证结果，使用了受自然灾害影响的累计人数（lnaf-fected），而非死亡人数。这一数据同样来自紧急灾难数据库。结果显示，自然风险会导致经常项目的恶化，与累计死亡人数作为核心解释变量的回归结果一致。列（2）是对核心解释变量政治风险的替代。Nguyen et al.（2022）使用地缘政治风险指数研究政治不稳定性，因缺少样本国家本身的地缘政治风险，使用全球政治风险（gpr）代替。结果显示，样本国家政治风险的增加、全球政治风险的增加都会给经常项目带来负向冲击。因此，通过替换核心解释变量，本小节验证了基础回归结果的稳健性。

表 6-5　　　　　　稳健性检验：替换核心解释变量

变量	（1）	（2）
	ca_gdp	ca_gdp
lnaffected	-0.005**	
	(0.002)	
gpr		-0.003*
		(0.002)
常数项	-0.766***	-0.305
	(0.244)	(0.277)
控制变量	YES	YES
国家固定	YES	YES
时间固定	YES	YES
观测值	803	854
R^2	0.479	0.470

6.5.3.2 基于不同收入类别的国家分组回归

不同收入水平的国家面临的主要风险不同，对风险的承受力不同。邱立成等（2012）强调，对中低收入和低收入国家的投资更需要关注其政治制度风险。较高收入国家主要存在法律制度和环保制度相关的风险，低收入国家则是政治制度风险。因此，本小节将按照中低收入水平和低收入水平对样本国家进行分类。结果如表6-6所示。

表6-6　　　　稳健性检验：基于不同收入类别的国家分组回归

变量	(1)	(2)	(3)	(4)
	ca_gdp	ca_gdp	ca_gdp	ca_gdp
	低收入国家		中低收入国家	
ln$death\_add$	-0.007**		-0.025***	
	(0.003)		(0.008)	
$d\_stability$		0.020***		-0.009
		(0.007)		(0.008)
常数项	-0.714**	-0.209	-1.204**	-0.736
	(0.304)	(0.377)	(0.509)	(0.522)
控制变量	YES	YES	YES	YES
国家固定	YES	YES	YES	YES
时间固定	YES	YES	YES	YES
观测值	527	331	263	182
R^2	0.500	0.602	0.666	0.713

结果显示，第一，两类国家均无法避免自然灾害爆发的风险对经常项目的冲击，甚至存在同等程度的自然风险增加，中低收入国家遭受的负面效应更大。第二，维系政治稳定、降低政治风险对低收入水平的国家更具意义，这印证了李景睿和王佳梓（2022）的分析结果。

6.5.3.3 缓解内生性问题

寻找合适的工具变量可以较为有效地解决可能的内生性问题，工具变量需要满足与自然风险或政治风险相关，但不会影响经常项目差额的条件。当缺乏有效的外生工具变量时，可使用核心解释变量的滞后项作为工具变量，缓解可能的内生性问题（Desbordes and Vicard，2009）。本小节选取核心解释变量的滞后一期作为工具变量，使用两阶段最小二乘法（2SLS）进行估计。两阶段实证结果如表 6 - 7 所示。

表 6 - 7　　　　　　稳健性检验：使用 2SLS 法缓解内生性问题

变量	(1)	(2)	(3)	(4)
	第一阶段	第二阶段	第一阶段	第二阶段
	ln$death$	ca_ gdp	d_ stability	ca_ gdp
l. ln$death$	0. 639 ***			
	(0. 082)			
ln$death$		- 0. 016 ***		
		(0. 004)		
l. d_ stability			- 0. 585 ***	
			(0. 041)	
d_ stability				0. 023 **
				(0. 010)
常数项	- 6. 105	- 0. 715	- 9. 341	0. 911
	(4. 448)	(0. 991)	(8. 070)	(1. 179)
控制变量	YES	YES	YES	YES
国家固定	YES	YES	YES	YES
时间固定	YES	YES	YES	YES
观测值	784	784	530	530
R^2	0. 942	0. 459	0. 361	0. 626
F	63. 128		199. 328	

　　首先，第一阶段回归结果均显示选取的滞后一期变量与核心解释变量相关。其次，在第二阶段回归结果中，核心解释变量的估计系数与基础回归结果一致，再次证明结果的稳健性。最后，第一阶段回归的稳健 F 值均明显远大于经验准则数值 10，故认为工具变量不是弱工具变量，由于恰好识别，无须进行过度识别检验。

　　关于工具变量的排他性检验，即探讨工具变量是否可能直接影响下一期经常项目赤字额，或通过其他途径而非当期风险影响下期经常项目差额，本书参考王丹利和陆铭（2020）、张杰和王文凯（2022）的方法，对可能的影响机制逐一进行剔除。来自本国的滞后一期的自然和政治风险可能减少该国的人均收入，造成公众伤亡，影响人口抚养比，导致该国更高的政府支出。以上述谈及的控制变量为被解释变量，以工具变量为核心解释变量，控制国家和年份固定效应进行回归，结果如表 6–8 所示。工具变量的系数均不显著，进一步说明在本书的研究情境中，工具变量不会通过影响人均收入、人口抚养比和政府支出对经常项目产生影响，因此，研究满足工具变量的排他性要求。

表 6–8　　　　　　　　　　工具变量的排他性检验

变量	(1)	(2)	(3)	(4)	(5)	(6)
	lngdppc2015	agedep	govexp_gdp	lngdppc2015	agedep	govexp_gdp
l. lndeath	0.039	0.358	− 0.277			
	(0.034)	(0.390)	(0.562)			
l. d_ stability				0.007	− 0.072	− 1.011
				(0.013)	(0.178)	(0.809)
常数项	6.862 ***	70.842 ***	24.894 ***	7.207 ***	74.118 ***	22.627 ***
	(0.252)	(3.258)	(3.979)	(0.031)	(0.677)	(1.139)
国家固定	YES	YES	YES	YES	YES	YES
时间固定	YES	YES	YES	YES	YES	YES
观测值	939	944	882	635	635	605
R^2	0.580	0.533	0.165	0.672	0.546	0.747

6.6　本章小结

气候变化是人类面临的长期挑战，会增加自然灾害发生的频率和强度，加重受灾程度，影响宏观经济和金融稳定，自然风险暴露。全球地缘政治风险波动性增强，样本国家的政治稳定性变动指数多为负值，政治风险暴露。本章参照 Cantelmo et al.（2019），构建单一商品结构的小型开放经济体理论模型，提出自然风险和政治风险产生的外源性冲击不利于经常项目的赤字再平衡。随后，本章通过双向固定效应模型分别实证检验上述两种非经济因素对经常项目再平衡的影响，补充对四种跨境资金净流入的机制分析。主要结论如下。

第一，自然风险和政治风险作为外源性冲击均降低了下期经常项目差额与GDP之比，验证了假说4。模型中，外源性冲击破坏私人资本和公共资本，使现有资本存量永久一次性贬值，削弱生产力。这一负面冲击同样存在于样本中的"一带一路"国家。2020年爆发的全球公共卫生危机事件是一次大规模外源性冲击，加大了全球失衡调整的难度。

第二，特殊风险影响外资流入的动机和规模，自然风险和政治风险确实会通过影响跨境资金净流入影响经常项目差额，验证假说5。自然灾害带来的自然风险会增加债务型融资的需求和规模，降低外国直接投资的净流入，经济移民增多，跨境个人汇款增加。政治风险导致资本外逃增加，降低外国直接投资和官方援助净流入。国家风险会削弱本国市场对外资的吸引力，促使本国居民寻求安全的外部环境。

因此，气候变化加剧和社会政治风险提高加剧外部经济脆弱性，损害可持续且包容性的经济增长。未来气候变化可能会导致更频繁、更具破坏性的自然灾害。因此，宏观和微观部门都要增加防范自然灾害的宏观保险，将非经济因素纳入央行的货币政策框架的考虑范围，设计新型货币政策工具，监督更多公司披露相关风险信息，采取前瞻性措施（克里斯蒂娜·拉加德，2021），而且要积极参加国际重要领域合作，如气候协定、灾害数据分享和救援合作，将气候纳入公共财政管理实践。

事实证明，只有稳定的政府才能有效调动并合理使用国际融资资源，才能利用国际援助进行长期人力资本投资。从各国经济发展史上的政治稳定性差异的角度观察全球经济体的国际收支情况，有远见的、稳定的政权领导使一国获得更高水平的国际收支平衡，其重要性高于贸易开放，如部分亚洲发展中国家的高贸易顺差、高外国直接投资和高国际储备取决于其长期政治稳定（Ali et al.，2008；斯蒂格利茨，2013）。发展中国家稳定的、有为的政治体制，有助于克服国际收支问题，国际融资的可持续性增长是一个长期过程，需要有远见的政府来管理。政治稳定是长期经济增长和财政能力的坚实基础。

第 7 章 "三重厄尔尼诺"分析框架下的国别案例研究

"不幸的国家各有各的不幸"。为更好地让研究内容贴近样本国家现实，将研究结果变为可行的救赎方案，本章从样本国家中选择代表性区域经济体——西非法郎区进行案例研究，观察"富而赤字"发展中国家完整的发展场景。基于本书研究脉络，本章将剖析经济发展和贸易开放等特征事实，分析其自然风险、政治风险和经济风险的表现与内在逻辑，据此提出对"富而赤字"发展中国家具有普适性的"三重厄尔尼诺"分析框架。

7.1 西非法郎区的选择依据

在"富而赤字"的样本国家中，超过一半的国家来自非洲，且以非洲中西部国家居多。在非洲中西部，有两个区域合作的典范，即西非经济货币联盟和中部非洲经济与货币共同体，对应的核心成员国为西非法郎区八国和中非法郎区六国①。本章将以西非法郎区八国为例进行区域开放合作、"富而赤字"发展悖论的研究，原因如下。

首先，非洲国家具有明显的"富而贫穷"特征。在融入全球市场后，大多数非洲国家没有如其他新兴经济体一样获得显著的增长，低收入国家聚集。2021 年 1 月，非洲大陆自由贸易区宣布启动，并计划于 2034 年之前取消非洲国家之间 97% 的商品关税（钱小岩，2022）。将非洲国家，尤其是西非法郎区八国作为案例研究对象是最恰当的。2020 年，布基纳法索自然资金收入与 GDP 之比高达 19.97%，贝宁这一比值最低，为 2.32%，但高于世界银行公布

---

① 西非法郎区八国为贝宁、布基纳法索、几内亚比绍、科特迪瓦、尼日尔、马里、塞内加尔和多哥；中非法郎区六国为喀麦隆、中非共和国、乍得、刚果、赤道几内亚和加蓬。

的世界平均水平 1. 97% 。其中，森林租金和矿物租金是主要收入来源。并且，贝宁、塞内加尔和多哥仅燃料出口占总商品出口的比重均已远超 20% ，尼日尔食物出口占比为 29. 77% [①]。

其次，区域合作是开放的路径，也是适合实力弱小的欠发达区域的发展中国家的一种开放方式（郭华，2007）。非洲法郎区是世界上独特的经济、政治、货币和文化合作的区域，商品、资本和劳动力在区域内自由流动。

再次，西非法郎区国家的统一性和在国际上的自主性略高于中非法郎区国家。虽然西非法郎区和中非法郎区具有相似性，货币均与欧元挂钩，保持固定比价，区域政策同受法国影响，但西非国家货币联盟整体行动更加统一和集中，中非国家更看重国家自治，且西非受法国的作用弱于中非（张延良和木泽姆，2003）。选择在国际社会上自主性更强的区域更具有普适意义。只有各成员国的国家首脑能直接参与区域货币政策制定，财政部才能发挥更重要作用，这对国家区域合作尤为重要。

最后，西非法郎区八国之间既有共性又存在区别。虽然它们均表现出"富而赤字""富而贫穷"的特征，但仍可按人均收入分为三个梯队。第一梯队是科特迪瓦，它是唯一一个人均 GDP 超过 2000 美元的国家，接近于第二梯队国家的两倍。第二梯队是贝宁和塞内加尔，人均 GDP 为 1000 美元左右。其余为第三梯队国家，人均 GDP 仅为第二梯队的二分之一左右。

综上所述，将西非法郎区八个国家作为案例分析对象是综合考虑本书研究目的和"小国"发展现实的合理选择。本章将在剖析西非法郎区国家的发展历程和经常项目结构的事实基础上，结合第 5 章和第 6 章的研究内容，构建"三重厄尔尼诺"分析框架，从气候、政治和经济三个角度阐述经济再平衡难题的逻辑。

7.2 西非法郎区的发展概况

7.2.1 西非法郎区的重大历史事件

金本位制崩溃后，世界产生了以各大资本主义国家为中心的货币集团，如

---

① 数据来源于世界银行。

英镑集团、美元集团、法郎集团等。为巩固在殖民地的统治地位，维护经济利益，阻断其他资本主义集团的渗透，法国建立了法郎区，一个由法国建立并控制的，具有排他性的货币区。西非法郎就是在这一国家背景下产生的（张宏明，1988），最初全称为法兰西殖民地法郎。当时，英美两国也在争夺对中国货币的支配权，以削弱民国货币的独立性。

1960 年被称为非洲独立年。这一年，曾经的法国殖民地贝宁、布基纳法索、马里、尼日尔、塞内加尔、多哥、科特迪瓦宣布独立。然而，主权的独立不代表货币的独立，这些国家仍保持与法国法郎的固定比例，其货币名称更改为西非金融共同体法郎。葡萄牙殖民地几内亚比绍在 1973 年宣布独立后，于1997 年加入西非经济货币联盟。在法国放弃法郎、加入欧盟使用欧元后，西非法郎继续与欧元挂钩，固定汇率为 1 欧元 = 655. 957 西非法郎。西非法郎区发展过程中的重要事件如表 7 - 1 所示。

表 7 - 1 西非法郎区发展时间线

时间	事件
1853 年	塞内加尔银行成立，这是第一家有权在殖民地发行货币的银行。
1901 年	西非银行成立，总部设在巴黎。
1936 年 10 月 1 日	《货币法案》颁布，创立外汇稳定基金，允许殖民地银行将法国法郎视为一种需要保存的外国货币。
1945 年 12 月 25 日	官方创立法属非洲殖民地法郎，非洲法郎与法郎汇率固定，汇率为 1. 7。
1948 年 10 月 17 日	平价定为 1 非洲法郎 = 2 个法国法郎。
1955 年	货币发行权由西非银行让位于西部非洲和多哥货币发行银行。
1959 年 4 月	西非国家中央银行成立，替代西部非洲和多哥货币发行银行。
1960 年	贝宁、布基纳法索、马里、尼日尔、塞内加尔、多哥、科特迪瓦宣布独立。
1960 年	非洲法郎与法国法郎的平价改为 1 非洲法郎 = 0. 02 法国法郎。
1962 年 5 月	西非货币联盟成立，由国家首脑会议（最高权力机构）、部长会议（决策机关）和西非国家中央银行（国际公共机构，拥有货币发行权）等机构组成。
1963 年	多哥加入西非货币联盟。
1973 年	几内亚比绍宣布独立。
1973 年 11 月 14 日	非洲法郎区国家签署《西非货币联盟协议》，建立西非开发银行。
1973 年 12 月 4 日	西非货币联盟与法国签署《货币合作协议》，确定货币合作基本原则。

续表

时间	事件
1975 年	西非国家经济共同体成立，包括 15 个成员国，8 个国家为西非法郎区，剩下 7 个国家使用自己的货币①。
1978 年	西非国家中央银行所在地从巴黎迁至达喀尔。
1994 年 1 月	非洲法郎贬值 50%，重新定为 1 非洲法郎 = 0.01 法国法郎。
1994 年	西非经济货币联盟创立，前身是西非货币联盟。
1997 年	几内亚比绍加入西非经济货币联盟，使用西非法郎为法定流通货币。
1999 年 1 月 1 日	欧元正式启动。非洲法郎与欧元挂钩，1 欧元 = 655.957 非洲法郎
2019 年 6 月	西非国家经济共同体计划推出新货币"埃科"（Eco），取代西非法郎和其余 7 个国家的货币。但这一计划因新冠疫情推迟。
2019 年 12 月	科特迪瓦总统和法国总统宣布在域内推行一种仍需与欧元挂钩的改良版西非法郎，并也将其命名为"埃科"。
2019 年 12 月 28 日	加纳总统宣布加入推行新货币 Eco。
2021 年 6 月	西非经济共同体公布"埃科"路线图，宣布 2022—2026 年为融合阶段。

资料来源：根据公开资料整理。

　　《货币合作协议》确定了西非经济货币联盟和法国货币合作的基本原则，包括西非法郎的可兑换性、固定平价原则、自由流动原则和外汇储备集中性原则。其中，西非经济货币联盟成员国 65% 的外汇储备需要存入法国财政部的交易账户②，若账户赤字，法国用自己的外汇盈余填补成员国的账户赤字，且可向成员国提供不高于上一年财政收入 20% 的贷款额。根据最优货币区理论，单一货币制度能消除货币兑换费用，降低交易成本，释放更大的国际贸易潜力。但这确实是西非法郎区国家与法国不平等货币合作的表现。

　　另外，梳理重要事件时间线后，可以看出，西非法郎区不断地尝试将货币主权从法国转移到自己手中，弱化法国特权，使西非货币联盟趋于"非洲化"（郭华，2007）。2020 年 5 月 20 日，西非法郎正式终结，西非货币改革方案获得法国内阁部长会议的批准，改革后的货币为"埃科"（Eco），8 个国家已同意改革。非洲大陆开始拥有自己的支付结算体系，且已在加纳等国成功试用。

---

　　① 这 7 个国家分别是尼日利亚、利比里亚、塞拉利昂、冈比亚、佛得角、几内亚、加纳。其中，佛得角和几内亚与法郎保持联系，其余 5 个国家与美元保持联系。

　　② 目前，西非货币联盟成员国外汇储备的上缴比例已由 65% 下降至 50%。

虽然法国希望摆脱"殖民主义"的帽子，在货币金融领域做出一些让步，但西非法郎区国家依然存在对法国的依赖，这很难改变。西非国家"逢选易乱"的魔咒长期存在，获得法国扶植的竞选者更容易顺利就任（王萌，2020）。法国曾在非洲发起多次大规模军事行动，维护武装和平。

7.2.2　西非法郎区的经济概况

首先，西非法郎区国家 GDP 有增长但依然贫困。虽然各国 GDP 增长明显，但按不变价格计算的人均 GDP 的增长波动明显。每个国家每隔若干年就会出现人均 GDP 的负增长，即人均 GDP 增长率为负，缺乏长期增长动力。各国始于 2015 年的正增速也在 2020 年中断，新冠疫情和地缘政治冲突是增速转向的主要原因。但从长期看，增长前景较为乐观，一是维持人均 GDP 增长的时间段越来越长，增速为负的年份越来越少；二是在 2020 年受到全球冲击后，八国很快在 2021 年恢复经济，人均 GDP 增速为正，尼日尔除外。贝宁、布基纳法索、科特迪瓦和塞内加尔的人均 GDP 增速均超过了 3%。除了 2020 年以后，各国人均 GDP 增长乐观。

其次，西非法郎区国家之间存在发展水平和发展趋势的不同步。从三个梯队任选一个国家，绘制其人均 GDP 规模和变化①。在经济体量上，如图 7 - 1 所示，分析以 2015 年不变价格计算的人均 GDP，西非法郎区国家的发展情况可大致分为三个梯队。科特迪瓦经济体量在该区域排名第一，为第一梯队；塞内加尔和贝宁为第二梯队国家；第三梯队包括布基纳法索、几内亚比绍、马里、尼日尔和多哥。从发展趋势上看，1980—2021 年，几内亚比绍、多哥的人均 GDP 趋势线接近水平，尚未出现令人欣喜的增长。贝宁、布基纳法索、马里和塞内加尔上升趋势明显。科特迪瓦和尼日尔整体呈下降趋势。观察后发现，科特迪瓦和尼日尔均在 1980—1995 年发生了大幅度的经济倒退。总之，科特迪瓦在联盟中更具有发展优势，但市场波动性也更强。

---

① 若将 8 个国家同时绘出，柱形图十分密集，可读性较差，因此，文中仅绘制每一个梯队中的一个国家的经济增长情况作为代表。

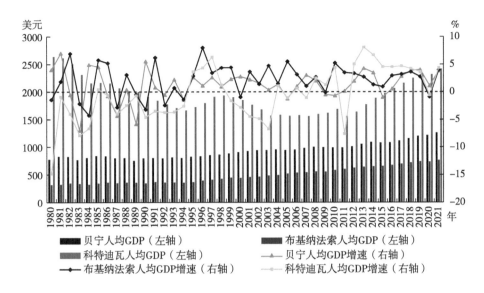

图 7 – 1 贝宁、布基纳法索和科特迪瓦的人均 GDP（2015 年不变价格）及其增速

（资料来源：世界银行世界发展指标数据库）

7.3 西非法郎区的国际贸易概况

7.3.1 贸易规模和方向

西非法郎区八国贸易市场开放时间早，局域性开放明显。世界贸易组织于 1995 年 1 月 1 日成立，西非法郎区八国纷纷在 1995 年或 1996 年加入。西非货币联盟是八国最重要、参与度最高的自由贸易协定。尼日尔、贝宁同是发展中国家间全球贸易优惠制度成员国，科特迪瓦与欧盟、英国分别签订自由贸易协定。

货物贸易是经常项目的核心组成部分，现重点剖析并阐述西非法郎区八国国际贸易的相关内容。图 7 – 2 至图 7 – 9 依次展示了西非法郎区各国的国际贸易情况，并特别标注出其与西非经济货币联盟其他国家、中国和法国之间的贸易往来情况。各国均是西非经济货币联盟成员，与其他成员国存在自由程度最高的贸易往来。中国与非洲国家的关系越来越密切，贸易投资逐渐增多。各国与法国的特殊关系是否体现在双方对外贸易中。下图展示了西非法郎区国家每一年与不同地区的贸易额,每一年份的左边堆积柱形图代表出口额,右边堆积柱形图代表进口额。

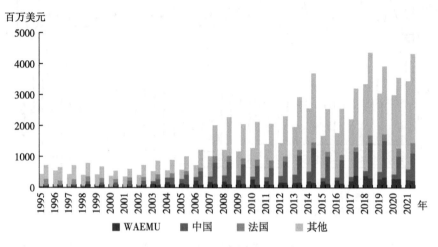

图7-2 贝宁的全球贸易情况①

(资料来源:联合国贸易和发展会议数据库)

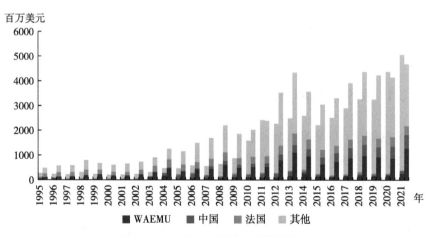

图7-3 布基纳法索的全球贸易情况

(资料来源:联合国贸易和发展会议数据库)

---

① 图7-2至图7-9的数据来源均为联合国贸易和发展会议(UNCTAD)官网数据库,https://unctadstat.unctad.org/EN/。因各国规模差别较大,各国的纵坐标轴单位不同,注意不可直接横向比较任意两幅柱形图的高度。

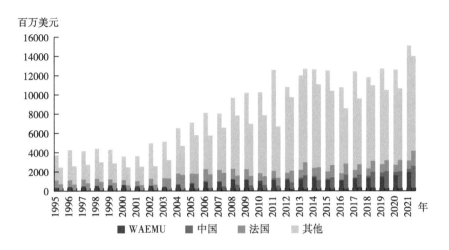

图 7 - 4　科特迪瓦的全球贸易情况

（资料来源：联合国贸易和发展会议数据库）

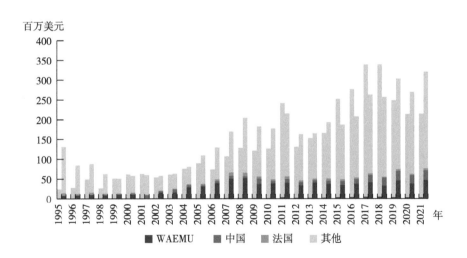

图 7 - 5　几内亚比绍的全球贸易情况

（资料来源：联合国贸易和发展会议数据库）

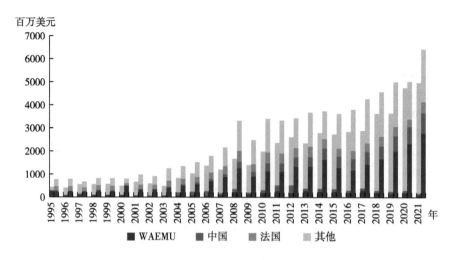

图7-6 马里的全球贸易情况

（资料来源：联合国贸易和发展会议数据库）

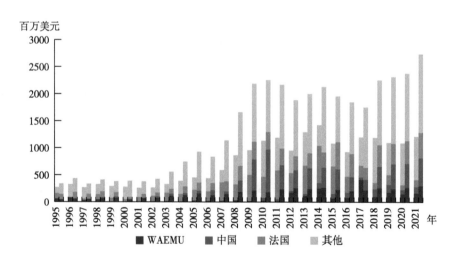

图7-7 尼日尔的全球贸易情况

（资料来源：联合国贸易和发展会议数据库）

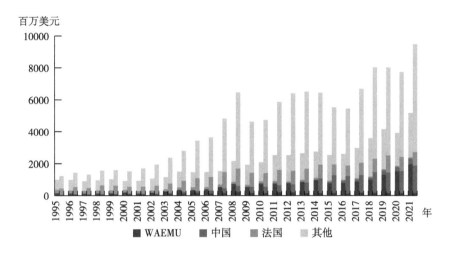

图 7-8 塞内加尔的全球贸易情况

（资料来源：联合国贸易和发展会议数据库）

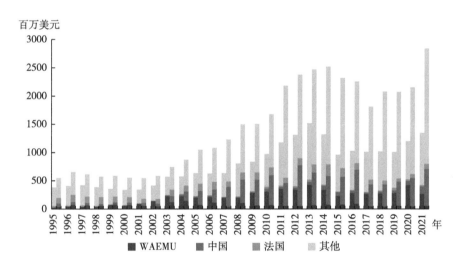

图 7-9 多哥的全球贸易情况

（资料来源：联合国贸易和发展会议数据库）

各国的全球贸易情况总体表现如下。

（1）所有国家的全球贸易总额增加。贸易规模和增幅最大的是科特迪瓦，其次是塞内加尔，之后是马里。从贸易规模看，西非法郎区国家逐渐打开内市场，将更多国内产出销往国外，从国际商品市场上进口更多商品满足国内需求，与世界上其他更多的国家产生联系。然而，结合上文对经济概况的分析，再次证明并非所有国家积极进行贸易开放都能实现本国生活水平的提高。再次重申，世界贸易体制的最终目标是提高世界人民的生活水平，而不是扩大贸易本身（丹尼·罗德里克，2016）。贸易规模的扩大不能与人民生活福利水平的提高划等号。西非法郎区国家的发展历程证明了这一点。

（2）除了科特迪瓦，其余七国均是国际商品市场的净需求者。只有科特迪瓦保持贸易顺差，其他国家均为贸易逆差，仅布基纳法索在近两年贸易项目差额由负转正。西非法郎区国家尚未实现自给自足，较为单一的自然资源禀赋不能满足国内居民需求，大宗商品价格的上涨可能会带来更大的支出负担。长期经常项目赤字加大了一国财富积累的难度以及对外资的依赖度。然而开放带来机会，贸易开放仍然是其经济增长、摆脱贫困、经常项目再平衡的条件之一。科迪瓦特在开放中实现了人均收入的再次增长。

（3）中国已成为西非法郎区国家重要的贸易伙伴。自21世纪以来，中国逐渐成为西非法郎区国家重要的贸易对象。其中，2000年，贝宁对中国的出口额仅为341万美元，如今，贝宁对中国的出口额在2021年突破3.37亿美元，这是西非法郎区国家与中国成交的最高贸易额，是2020年的1.4倍。贝宁、科特迪瓦和塞内加尔对中国的出口额均已超过3亿美元。中国的进口规模也在显著扩大，整体上，西非法郎区国家从中国的进口规模大于向中国的出口规模。2022年，科特迪瓦从中国进口价值最高为22.91亿美元的商品。几内亚比绍与中国贸易往来最少。中国早已成为西非法郎区国家对外贸易的重要市场。预计在"一带一路"倡议和中非合作论坛的契机下，中国和西非法郎区各国的联系会更加密切，贸易成果会更加丰硕。

（4）西非法郎区是法国稳定的海外市场。21世纪之前，西非法郎区国家最早与法国建立贸易关系，且贸易关系稳定。西非法郎与欧元固定比价避免了汇率波动对进出口商产生的汇率风险。不仅法国，整个欧盟也是西非法郎区国家主要的外贸市场。有限的贸易增长表明，与法国的贸易往来存在局限，西非法郎区国家需要开拓更多的海外市场，寻求更理想的进口商品。同时，各国均表现出对法国的进口额大于出口额，西非法郎区净进口法国商品，是法国商品稳定的销售地。

（5）西非经济货币联盟成员国的商品之间既存在互补性，又存在竞争性。

自 1994 年经济货币联盟成立以来，联盟其他成员国占一国的贸易比重开始逐步提升，其中马里与联盟成员国的贸易额增加最明显。另外，在西非经济货币联盟内部，贝宁、科特迪瓦、塞内加尔和多哥属于净出口国，布基纳法索、几内亚比绍、马里和尼日尔属于净进口国，且净进口不等于净出口。这说明在区域合作中，八国之间既需要对方的商品，也需要对方的市场，很可能存在同类贸易品在一个市场的竞争，因此，八国贸易经济很难在内部循环，它们仅在联盟内开放是不够的，仍需寻求区域外市场。

7.3.2　贸易结构

西非法郎区国家均是资源丰裕型发展中国家，其自然租金收入与 GDP 之比都远高于世界平均水平。根据研究目的，初级产品类别根据国际贸易标准分类（SITC）代码，划分为食品，农业原料，矿石和金属，燃料，珍珠、宝石和非货币黄金五类，工业品按照产品的要素密集类型划分，这些共同构成已分配产品总量。本书依据不同类别的产品在已分配总产量的比重绘制百分比堆积柱形图，数据来源于联合国贸易和发展会议（见附录 A）。贸易结构不仅能体现其具有比较优势的资源类型，而且能展示该国的生产水平和工业化水平。根据附录 A 各国进出口商品结构图，制作表 7 - 2。

表 7 - 2　　2021 年西非法郎区八国占比排名前二的进出口商品类别

国家	贝宁	布基纳法索	科特迪瓦	几内亚比绍	马里	尼日尔	塞内加尔	多哥
出口	农业原料，燃料	珍珠、宝石和黄金，燃料	食品项，燃料	食品项①，燃料	珍珠、宝石和黄金，农业原料	珍珠、宝石和黄金，燃料	食品，燃料	技术密集型工业品，燃料
进口	技术密集型工业品，食品项	技术密集型工业品，燃料	技术密集型工业品，食品项	食品项，技术密集型工业品	技术密集型工业品	技术密集型工业品，燃料	技术密集型工业品，燃料	燃料，技术密集型工业品

资料来源：根据联合国贸易和发展会议官网数据计算并制作。

---

① 几内亚比绍所有食品项出口高达 90%。

根据表 7－2，本书总结出以下结论。

（1）西非法郎区国家难以同时守住"油和米"的生存底线。每一个国家都需要进口食品或燃料，也都没有同时拥有食品和燃料的双重优势。贝宁、布基纳法索、尼日尔、塞内加尔和多哥净进口食品，科特迪瓦、几内亚比绍和马里净出口食品；贝宁、布基纳法索、科特迪瓦、几内亚比绍和马里净进口燃料，尼日尔、塞内加尔和多哥净出口燃料。贝宁和布基纳法索都是"油和米"的净需求者。食品和燃料的相对商品价格变化对不同的国家产生不同的国际收支效应。例如，乌克兰危机爆发后，国际大宗商品价格波动，如粮食价格飙升，暴露了部分国家农业发展的短板，本就贫穷的家庭深受其苦。以贝宁为例，食品项在 2021 年的进口额中占比高达 35.5%，粮食相对价格的上涨带来进口支付的增加，更加不利于贸易收支和经常项目的再平衡。非洲开发银行在2022 年 3 月底宣布将募集 10 亿美元应对可能的粮食危机，迅速增加小麦和大豆等粮食产量（宋斌，2022）。

（2）自然资源依然主导西非法郎区国家的出口市场。这些国家既存在部分自然资源耗尽的风险，也在寻求更多可挖掘的资源类型。观察各国的出口商品结构演变，发现其主要出口商品类型有所变化。例如，多哥出口矿石和金属的占比降低，出口燃料占比在 2013 年后开始升高，并超过矿石与金属。塞内加尔出口食品比例虽然排名第一，但有缩减趋势，珍珠、宝石和非货币黄金的出口占比在 2008 年后明显提升。尼日尔矿石和金属出口占比在 2008 年达到峰值，随后开始降低，但珍珠、宝石和非货币黄金占比从 1995 年的 0.11% 已经跃至 2021 年的 43.16%。因此，在面临一种资源被耗尽的潜在危险时，一国会寻求其他初级产品需要的资源类型。1995—2022 年，八国一直依赖自身资源禀赋开展对外贸易。一方面，西非法郎区国家仍存在许多未开发和未充分利用的自然资源；另一方面，国内生产工业化和结构的多样化需进一步发展。

（3）西非法郎区国家均大规模进口制成品，尤其是技术密集型工业产品。自然资源部门不断扩张、农业和工业部门收缩或停滞，即初级产品部门繁荣但其他部门衰落，正是荷兰病的一种表现，西非法郎区国家需要警惕并及时矫正。工业制成品在各国进口中占比大多超过 50%，从生产要素的角度看，既有劳动密集型产品，也有低中高技术密集生产的产品。塞内加尔、尼日尔对劳动密集型产品的需求较为稳定。劳动密集型产品的技术水平要求不高，西非法郎区国家缺少技能型工人。从整体上看，劳动密集型产品的进口份额在降低，技术密集型产品的进口份额在增加，西非法郎区国家在一定程度上享受到全球技术进步、生产扩张的收益，拥有更高的效用水平。

（4）部分国家之间存在明显的商品同质。西非法郎区八国地理位置相近，具有的优势自然资源很可能存在重合。贝宁是非洲最大的产棉国，棉花是主要的创汇收入来源，马里和科特迪瓦也是世界上主要的棉花生产国。贝宁、科特迪瓦和几内亚比绍都出口大量腰果，科特迪瓦是世界第一大腰果生产国，几内亚比绍的腰果占出口总量的 90% 左右。布基纳法索、马里和尼日尔都拥有其他国家需要的珍珠、宝石和黄金。燃料始终占据各国出口的一席之地。这些国家均加入西非经济货币联盟，他们会在联盟外的第三国存在市场竞争。这为区域合作带来挑战，例如，如何协调不同国家出口同类产品时的利益分配问题，如何合作使所有成员国都受益。

（5）相较于出口商品结构，进口商品结构较为稳定。由于国内自然资源种类和可开发存量的变化，一国的出口商品结构会发生改变。根据比较优势理论，一国应生产并出口具有 "比较优势" 的产品。如上文所述，一国在面临某种资源优势减弱的风险时，会寻求其他资源发展路径，或丰富出口产品类型。相应地，进口体现了一国对外需求情况。进口商品结构的稳定意味着对外需求商品的稳定。换言之，八国一直不能将外需转为内需。从整体上看，国内生产结构未发生根本改变，提高本国的工业化水平，解决单纯依靠自然资源生产的问题，任重道远。

7.4　再平衡难题的政治经济学逻辑："三重厄尔尼诺"

7.4.1　气候上的 "厄尔尼诺"

7.4.1.1　气候特征

从西非法郎区国家的贸易结构得知，这些国家大多经济结构单一，经济基础薄弱，更容易受到气候变化和自然灾害带来的外部冲击的影响。来自大自然的外部冲击很多是由其独特的地理位置决定的，后续发展可能改变自然进程。根据《对外投资合作国别（地区）指南》①，贝宁全境地处温带，终年高温，特别是每年1月和2月经常刮起夹杂泥沙的干热的东北风，会对早播作物的产量产生不利影响。布基纳法索北部接近撒哈拉沙漠，一年有7个月都是旱季。尼日尔气候条件最为恶劣，沙漠化严重，沙漠高温季节温度可高达50℃以上。虽然西非国家主要是热带气候，但因地理位置不同，还是存在差别。西非国家主要有四个气候带，对应不同的降水量范围（见图7-10）。按年平均降水量由低到高排序为萨赫勒地带（250~500mm），苏达诺—萨赫勒地带（500~900mm），苏丹地带（900~1100mm）和几内亚地带（＞1100mm）。

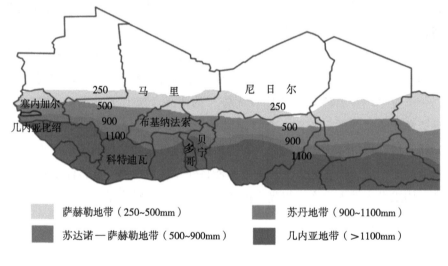

图7-10 西非四个气候带划分及年平均降水量分布

[资料来源：根据 Emetere（2017），Teye and Nikoi（2021）自制]

在四个气候带中，萨赫勒地带是最干燥的地区，塞内加尔北部、马里和尼日尔部分区域位于该地带。苏丹地带降水量同样十分不足，包括塞内加尔南部、马里部分区域、布基纳法索的大多区域和贝宁的北部。苏达诺—萨赫勒地区也很干燥，辐射范围相对较小。几内亚地带是降水量最丰富的地区，包括几

---

① 中华人民共和国商务部在"走出去"公共服务平台发布《对外投资合作国别（地区）指南》（以下简称《国别（地区）指南》），见 http：//fec. mofcom. gov. cn/article/gbdqzn/。

内亚比绍、科特迪瓦、多哥的绝大地区以及贝宁南部。

相对较为适宜的气候条件,以及地理上的沿海优势使几内亚地带的国家具有更多的发展可能性。《国别(地区)指南》中提到,几内亚比绍境内水资源丰富,素有"热带水乡"之称,发放"捕鱼证"是几内亚比绍主要的外汇来源;科特迪瓦首都阿比让有西非最大港口,是非洲西海岸的海运要道;多哥有西非地区唯一自然深水港——洛美自治港,转口贸易是本国的支柱产业之一;贝宁唯一的港口科托努港也是西非主要的转口港之一,承担贝宁 90% 的对外贸易。与之相反,萨赫勒地带的典型特征是反复干旱,天气状况很难预测,该地区气温的增长速度一直高于正常水平且仍在上升(Teye and Nikoi, 2021)。这些气候特征影响该地区的工农业生产。这些地区人们的生计受到气温上升和降雨模式变化的不利影响,"天生的"气候因素关系着一国的发展命运。

7.4.1.2 自然灾害

与此同时,自然灾害加重了西非法郎区国家总体的经济脆弱性。本书按照紧急灾难数据库将灾难分为生物灾害、气候灾害、水文灾害和气象灾害,西非法郎区八个国家在 1995—2020 年遭受自然灾难的统计数据如表 7-3 所示。

表 7-3　　　　1995—2020 年西非法郎区国家自然灾难情况

国家	生物灾害	气候灾害	水文灾害	气象灾害	总次数	受影响人数 (万人)	主要灾害类型
贝宁	22	1	15	1	39	208.26	流行病,洪涝
布基纳法索	18	6	18	—	42	1051.36	流行病,洪涝,干旱
科特迪瓦	12	—	14	—	26	8.49	流行病,洪涝
几内亚比绍	6	3	4	1	14	29.43	流行病,洪涝
马里	12	6	24	—	42	1216.63	洪涝,流行病
尼日尔	39	8	29	1	77	5625.53	流行病,洪涝,干旱
塞内加尔	9	4	16	3	32	341.75	洪涝,流行病,干旱
多哥	11	—	12	—	23	66.3713	洪涝,流行病

资料来源:紧急灾难数据库。

在考察期的 26 年中,生物灾害爆发频率最高,水文灾害其次。生物灾害是由于人类生产生活不当破坏了生物链,或者在自然条件下由于某种生物的过多过快繁殖而对人类的生命财产安全造成危害的自然事件。其中,流行病是西非法郎区每个国家都面临的长期难题。非洲自然环境较为原始，适宜野生动物和病毒等微生物的繁衍和繁殖。艾滋病、埃博拉、疟疾和霍乱等都是危险的传染病，非洲仍在遭受其困扰。除了自然因素，国内物质条件差、医疗卫生条件不足、防治措施有限也是受灾严重的原因。另外，洪涝和干旱很大程度地冲击了当地农业生产。已知科特迪瓦、贝宁、布基纳法索和马里均大量出口棉花，科特迪瓦、利比里亚和加纳出口可可，几内亚比绍、贝宁和科特迪瓦出口腰果等。石油、铀、铁和磷酸盐的开采、运输和储藏同样需要适宜的气候条件。

尼日尔是这段时间内遭受自然灾害最严重的国家，总次数高达 77 次，受影响人数超过 5.6 千万人次。尼日尔位于撒哈拉大沙漠南部，自然环境恶劣，北部地区几乎终年无雨，对该国发展经济和吸引外资带来一定的困难。相对而言，从受影响人数上看，科特迪瓦是受自然灾害影响最小的国家，较为安全的自然环境为国内经济提供了良好的发展环境，科特迪瓦在 2011 年后，经济快速恢复，人民生活水平提高。

总之，地理位置和对气候变化和自然灾害较弱的适应能力使一国经济发展和经常项目再平衡过程易受气候变化和自然灾害的冲击。西非法郎区国家依赖农业，如贝宁 80% 的人口以农业为生，而农业是"靠天吃饭"的产业。气候和灾害还会导致部分地区的人口流失，无法从生产端实现再平衡。并且，洪涝、干旱反复，肆虐的流行病阻碍物质和人力资本积累，危害国内生产，导致一国很难形成一定的出口规模和足够的出口竞争力，出现经常项目赤字和国际收支失衡。

厄尔尼诺（EI Nino）本是形容一种异常气候现象的名词，主要指太平洋东部和中部的热带海洋的海水温度异常变暖，引起全球气候异常，极端天气频发。本节将长期恶劣的气候环境和多次爆发的自然灾害称为气候上的"厄尔尼诺"，形容危机及其产生的危害性。它使应对自然危机能力薄弱的西非法郎区国家农作物产量降低，面临粮食不安全的威胁、国内贫困和人口外流，以及初级产品的出口规模收缩和经常项目赤字等难题。

7.4.2　政治上的"厄尔尼诺"

7.4.2.1　政府稳定性和无暴力

根据第 6 章，除自然风险外，政治风险同样会作为外源性冲击加大经常项目再平衡难度。根据全球治理指数数据库，整理西非法郎区八个国家政府在政治稳定和无暴力（Political Stability and Absence of Violence/Terrorism）、政府效能（Government Effectiveness）以及腐败控制（Control of Corruption）三个方面的表现，并添加趋势线辅助判断整体变化，依次对应图 7 – 11、图 7 – 12 和图 7 – 13。每个指标的估计值范围为 – 2.5 ~ 2.5，估计值越大，对应方面的治理能力越强。

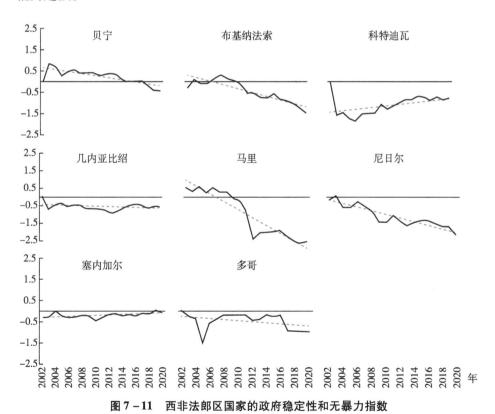

图 7 – 11　西非法郎区国家的政府稳定性和无暴力指数

（资料来源：全球治理指数数据库）

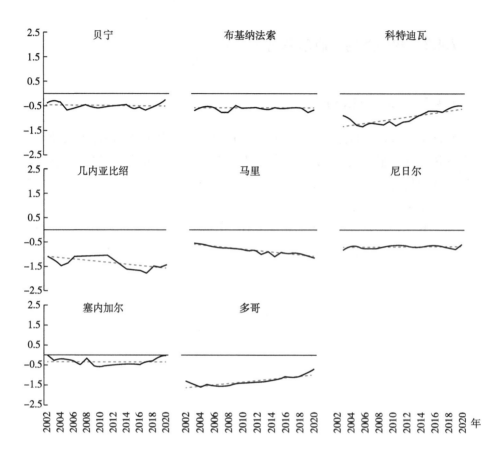

图 7 - 12　西非法郎区国家的政府效能指数

（资料来源：全球治理指数数据库）

观察整体趋势，只有科特迪瓦和塞内加尔政治稳定性改善，且后者改善程度不明显。2020 年，西非法郎区八国的政治稳定性和无暴力指数均为负值，说明该区域整体稳定性差。几内亚比绍和塞内加尔相对变化不大，未发生大型突发事件。

具体到特定国家，科特迪瓦在 2003 年政治风险猛然增加并持续数年，如今政治风险已大幅降低。2002 年，科特迪瓦穆斯林发动内战，杀害前总统盖伊，占领了中北部大部分土地，形成穆斯林派瓦塔拉和主体民族派巴博的对峙。瓦塔拉积极争取西方大国的支持，法国甚至发起"独角兽"行动，以"促进民主和平进程"的名义参与科特迪瓦内战，逮捕前总统巴博（王萌，

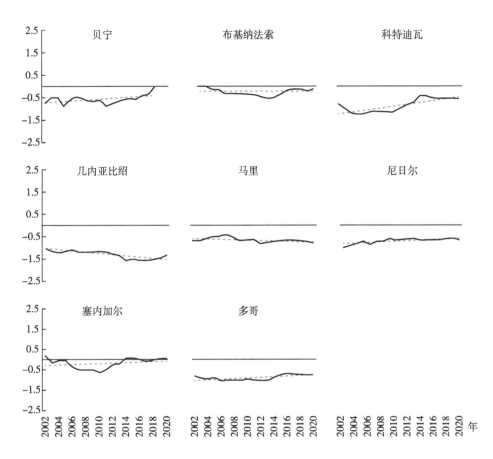

图7-13 西非法郎区国家的政府腐败控制指数

(资料来源：全球治理指数数据库)

2020)。这是科特迪瓦人均 GDP 在 21 世纪初明显下降的主要原因。最终，瓦塔拉在法国支持下成为总统，国内政局趋于稳定。

　　然而，更多国家形势不稳。自 2012 年以来，伊斯兰马格里布基地组织等地区恐怖主义势力向布基纳法索境内渗透，周边地区如贝宁也未能避免骚乱。2019 年，布基纳法索宣布东、西、北边境的 14 个省份进入紧急状态。马里开始面临严峻的北方分裂危机。来自利比亚等邻国的恐怖势力也在马里扩充自己实力，使马里的安全形势恶化。自 2020 年以来，马里政局持续动荡，尼日尔的工会组织活跃，罢工频繁，它们是非洲政变频繁的国家，在利比亚局势、马里局势和尼日利亚恐怖组织的影响下，西非整体安全形势严峻。2020 年之后，政变在西非经常发生。

国内政治风险提高,政治危机爆发,百姓流离失所。根据联合国难民署数据,布基纳法索是世界上人们流离失所危机上升最快的国家之一,截至2022年4月,几乎10%的人口流离失所[1]。频繁的政变引起国际社会的不满和批评。马里军政府在两次政变后夺取政权,宣布推迟选举,西非国家经济共同体集团宣布将关闭与该内陆国家的边界,实施经济制裁,非洲法郎区的中央银行也将冻结马里国有资产以及在西非共同体商业银行的资产等[2]。

因此,国内政局动荡和恐怖主义活动是西非法郎区国家政治风险的主要来源。政局不稳不仅会剥夺国内居民正常生产生活的权利,危害国内生产,造成国内恐慌,而且会恶化其在国际社会中的外交关系,影响对外贸易和跨境资本流动,这些国家也无暇顾及经常项目赤字的再平衡问题。

7.4.2.2 政府效能和控制腐败的能力

本节选择 WGI 子指标政府效能指数衡量政府有效性,用腐败控制指数反映该国政府的政治环境。指数越高,政府提供公共服务的质量越高,官员越清廉。其中,政府效能(Government Effectiveness)体现该国政府抵抗政治压力的程度、政策制定和执行的质量,以及公众对政府政策承诺的可信度的看法。政策制定和执行的质量越高,承诺越可信,该指数越高。西非法郎区八国政府效能和腐败控制能力的变化趋势分别如图 7 - 12 和图 7 - 13 所示。

相较于政治稳定性,西非法郎区国家的政府效能指数没有明显的突变时间点,政府发布并执行政策的能力较少出现明显下滑。但这意味着国内没有足够的改革力量突破各国的政府效能水平不高的困局。单单依靠市场力量解决"富而赤字"充满挑战,发挥政府的作用是突破的关键。政府及时发现问题,制定相应政策解决问题,高公信力的政府是维护经济在正确轨道上平稳运行的关键。

政府效能与腐败控制之间存在明显的联动性。政府效能的增加伴随腐败控

---

① 资料来源:Adeoye A.,"Burkina Faso hit by second coup in eight months",Financial Times,https://www. ft. com/content/dfc0bf1b - 3902 - 4299 - 900d - 60612af0e568,2022 - 10 - 01.

② 资料来源:Munshi N.,"Mali's neighbors impose sanctions over election delay",Financial Times,https://www. ft. com/content/f4525017 - eb6f - 47ee - b05e - d381e1b05407,2022 - 01 - 10.

制水平的提高，两者相互促进。从总体上看，政治稳定性高的国家通常会有不错的政府效能。政府效能和腐败控制是影响一国"吸收能力"的因素。"有为"的政府，政策制定和执行的质量越高，腐败程度越低，越能吸引外来资金，提高外来资金的使用效率，转化为有效产出。

本节将政治危机比喻为政治上的"厄尔尼诺"。政治不稳定、暴力冲突频繁、政府效能不高、制定和执行政策的能力不强、腐败严重共同组成一国政治上的"厄尔尼诺"危机，导致政治风险暴露，政治危机爆发，政府的公信力受损，国际地位下降阻碍正常经济运行，难以调动市场活力和居民的工作积极性，加重人们生活负担。

7.4.3　经济上的"厄尔尼诺"

7.4.3.1　债务负担

1990 年，世界银行对西非法郎区各国债务分类，除布基纳法索外，其余 7 个国家均为严重负债。1996 年，国际组织意识到一些低收入国家过重的外债负担已经严重影响了经济发展前景。在西非法郎区，特别是几内亚比绍 1998 年的外债存量已经约是当年 GDP 的 4.7 倍。1996 年 9 月，国际货币基金组织和世界银行共同提出"重债穷国"（Heavily Indebted Poor Countries, HIPC）倡议，希望能帮助世界上最穷困的国家降低外债负担到可持续水平，即能通过出口收入、援助和资本流入偿还外债。若在利用传统债务减免机制后外债限制与出口比率依然超过 150%，还可以获得援助或其他优惠融资。最终，有 36 个重债穷国达到了减债的"决策点"，32 个重债穷国达到了"完成点"，享受到了债务免除。例如，2010 年 12 月，国际货币基金组织宣布多哥达到"重债穷国减贫动议"完成点，80% 的外债余额获得一次性永久免除，此后多哥成为有支付能力的国家。几内亚比绍有严重外债负担的长期历史，至今没有达到国际评级机构穆迪、标普、惠誉等对其评定主权债务等级的标准。由图 7-14 可知，21 世纪之前，西非法郎区国家的外债负担普遍较重，大多数国家外债与GDP 占比超过 50%，有的国家甚至超过 100%。自 21 世纪以来，在国际金融治理下，八国外债负担减弱。但近年来，八国外债开始出现增长的势头，特别是塞内加尔。根据西非国家经济共同体标准，成员国债务与 GDP 之比不得超过70%，基本财政赤字率不得超过3%。2020 年，塞内加尔外债负债率刚刚越过临界值，几内亚比绍已超过56%。

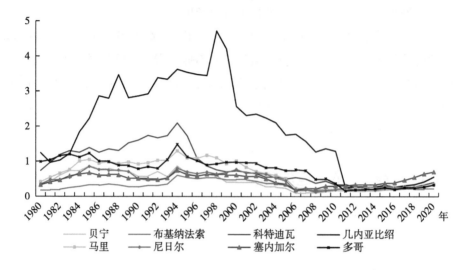

图 7 - 14　西非法郎区八国外债与 GDP 之比

［资料来源：世界银行国际债务统计数据库（International Debt Statistics，IDS）］

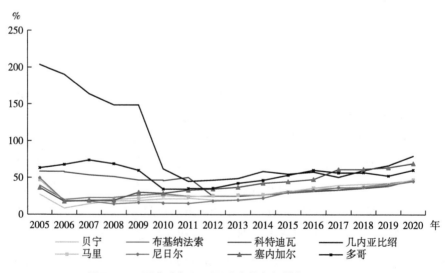

图 7 - 15　西非法郎区八国政府债务规模与 GDP 之比

［资料来源：世界银行国际债务统计数据库（International Debt Statistics，IDS）］

政府财政状况更能预示未来债务负担将继续增加的态势。一国政府债务的增加反映了财政的拮据,这种财政负担最终由本国居民承担,人们较低的生活水平继续加重政府的财政负担。八国政府债务从 2012 年开始稳定上升。西非法郎区国家的贫困陷阱将继续推动未来财政赤字和债务的持续扩张。

7.4.3.2 其他资金流入形式

经常项目赤字国容易产生对外资流入的依赖,未来大量资本流出增加负担。若不创造足够的偿付能力,则需要更多的资本流入,由此形成恶性循环,陷入"外资依赖"。图 7 – 16、图 7 – 17 和图 7 – 18 分别对应除外债外,外国直接投资、官方援助和个人汇款净流入三种资金流入方式的情况。

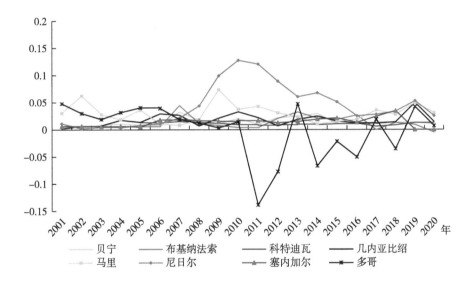

图 7 – 16 西非法郎区八国外国直接投资净流入与 GDP 之比

(资料来源:IMF 国际收支数据库)

纵观三种资金流入形式的长期变化,外国直接投资和官方援助出现了收敛,且 2020 年与研究起点时规模相当,两者在波动中恢复。只有个人汇款在更多国家实现了增长。虽然外国直接投资是全球资金流动的主要形式,西非法郎区国家均采取了吸引国际资金流入的发展方案,流入额在增加,但外国直接投资与人均 GDP 负相关(Anyanwu and Yameogo,2015)。非洲从来不是外国直接投资的主要流入国,流入非洲的直接投资份额远小于流入亚洲的份额,特别

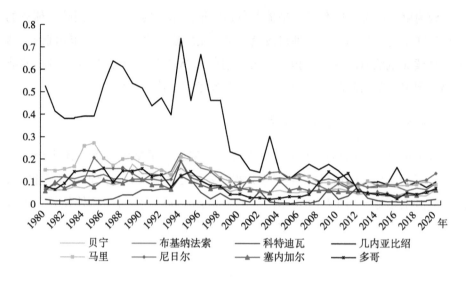

图 7 –17　西非法郎区八国官方援助净流入与 GDP 之比

（资料来源：世界银行世界发展指标数据库）

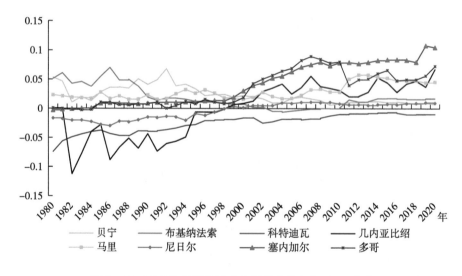

图 7 –18　西非法郎区八国个人汇款净流入与 GDP 之比

（资料来源：世界银行世界发展指标数据库）

在各种自然灾害，尤其在流行病盛行，大宗商品价格下降的时期，西非的外国直接投资流入规模就会下降（Anyanwu and Yameogo，2015）。多哥甚至多年为直接投资净流出国，国内资本选择到国际市场投资，存在大量资本流出。

在这三种资金流入形式中，官方援助的份额最大。这些国家是严重或者中等负债国，作为低收入或中低收入水平国家获得了大量官方发展型援助。几内亚比绍获得的官方援助相对规模最大，这与其沉重的债务负担不无关系。事实证明，外国援助对非洲国家整体减贫的效果不够理想，西非法郎区国家对官方援助的支出主要用于政府支出，人道主义的转移支付，最终扩大政府预算，而不是投资和增长（Anetor et al., 2020）。鉴于当前全球主权债务风险上升，美欧等主要援助发起国陷入国内经济结构调整、高通胀的困扰中，ODA 等援助将日益短缺，现需探索与这些低收入国家构建新型的发展合作关系的途径。

西非法郎区国家整体个人汇款规模和份额均明显上升。应对气候和政治冲击时，个人汇款是农民提高抵御能力的方式之一。由图 7 - 18 可知，科特迪瓦一直是个人汇款净流出国，其良好的经济增长环境吸引了外来劳动力，是劳动力的净需求者，这侧面证明了科特迪瓦国内较好的气候、政治和经济环境。其余均为个人汇款净流入国，甚至塞内加尔的个人汇款已超过官方援助在 GDP中的占比，成为重要的劳动力输出国。这些汇款净流入国劳动力流失，缺乏熟练劳动力和有一定劳动技能的工人。另外，西非法郎区国家之间存在经济移民。例如，对布基纳法索 2281 户家庭调查的结果显示，30.9% 的跨境个人汇款来自科特迪瓦，46.9% 的来自非洲其他地区（Tapsoba and Hubert, 2021）。科特迪瓦是西非法郎区国家内部主要的经济移民流入国和个人汇款净流出国。

严重债务、不足的外国直接投资、效果有限的官方援助以及国内劳动力的流失等一系列特征不利于经济增长，不利于国内的投资和生产行为，打击国内经济活力。长期贫困、贸易项目赤字和发展赤字问题，形成一国在经济上遭受的"厄尔尼诺"。

7.4.4 "三重厄尔尼诺" 的叠加循环

不仅西非法郎区国家，"富而赤字""富而贫穷"的发展中国家同样面临发展难题，原因是气候上的、政治上的和经济上的"厄尔尼诺"的三重叠加（见图 7 - 19）。

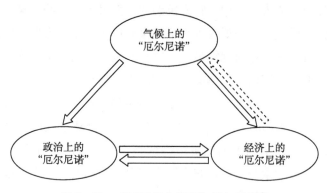

图 7 - 19   "三重厄尔尼诺"叠加示意①

气候的恶劣和自然灾害的频发、不稳定的国内政治环境和较低的政府效能,即气候和政治上的"厄尔尼诺"严重冲击国内总供给。对于依赖农业,以农业自给的西非国家来说,对外源性冲击的适应能力弱,导致干旱地区、降水量不足的地区农作物产量低,粮食不安全性增加,国内贫困,人口外流,主要出口品受限,出口乏力,经常项目赤字。同时,债务增加、外国直接投资流入不足、官方援助作用有限、个人汇款增加,导致国内产生外资依赖。目的国的气候和政治上的"厄尔尼诺"会降低经济移民的收入,导致汇款收入下降。虽然经济移民通常是劳动力市场上更脆弱的工作群体,但他们发起的个人汇款是原籍国贫困家庭收入的重要来源。

经济上的"厄尔尼诺"会使一国减少基础设施投资,缺少抵御风险的基础建设,应对气候变化和自然灾害的能力不足,如缺少足够的医疗设施和服务,以及相应的科研投入,无法及时控制生物灾害中的流行病传播,导致气候上的"厄尔尼诺"将产生严重后果。同时,经济上的"厄尔尼诺"会加重或产生新的政治上的"厄尔尼诺"。增长是解决问题的关键,政局动荡、抗议不断的根本原因在于国内利益分配不均,若国内居民只想窃取他人利益,不创造新的劳动价值,则国内政治很难稳定,政府腐败程度难以控制。

---

① 虚线箭头的意义为经济上的"厄尔尼诺"不会直接导致气候上的"厄尔尼诺",但会影响气候上的"厄尔尼诺"后果的严重程度。

7.5　中国与西非法郎区国家的密切联系

中国的经济增长为世界经济做出了重要贡献,也将持续为世界经济发展注入更多的正能量,促进全球资源重新配置(蔡昉,2019)。中国经济增长不仅为西非法郎区国家提供了实践借鉴,而且产生了对全球石油、矿产等初级产品的高需求,大大有利于西非法郎区国家,且这种需求是长久的。同时,西非法郎区国家产生了对中国廉价产品的强劲的消费需求,这些都注明在发展援助协议中关于进出口的相关内容上。西非国家对中国的出口速度和规模小于进口速度和规模,造成对中国的巨大贸易逆差(Pigato and Gourdon,2014)。西非企业和中国企业没有在第三国家形成竞争,中国和西非国家的出口产品更互补。因此,中国和西非的贸易往来是合作共赢,双方互益的。

中国同时是在非洲投资最多的发展中国家,2021 年对非洲的直接投资存量超过 441.86 亿美元,对西非法郎区国家的对外直接投资情况如图 7 - 20 所示。中国在尼日尔投资最多,在布基纳法索投资最少,投资增长最快的是科特迪瓦。

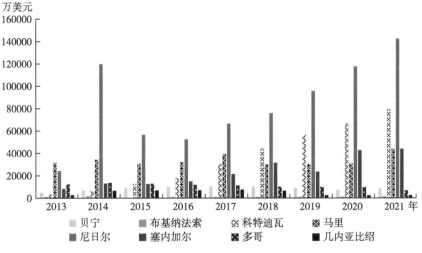

图 7 - 20　中国在西非法郎区八国对外直接投资存量

(资料来源:《2021 年度中国对外直接投资统计公告》)

中国商务部公布的投资项目汇总结果显示，中国对西非的投资主要在基础设施领域。中国经验表明，"要想富，先修路"。中国在 19 世纪 80 年代中期实行"以工代赈"政策，改善贫困地区的道路、饮水和农田等基础设施建设，在低收入水平下以公共支持措施提供社会保障（朱玲和蒋中一，1994）。基于缓解贫困的成功经验，中国对样本国家主要投资在电力、热力、燃气及水生产和供应业（见图 3–5），这对改善贫困人口的生存条件具有决定性作用。

在对外承包工程业务中，根据《2020 年度中国对外承包工程统计年报》，中国新签合同额增长最快的国家是科特迪瓦，在 2020 年达到 59.85 亿美元，完成营业额为 9.715 亿美元；与贝宁新签合同额增加明显；在马里的对外承包工程减少；与几内亚比绍的新签合同额和完成营业额的绝对规模都较低。中国对外承包工程的行业分布主要是交通运输建设、一般建筑、电力工程建设、石油化工、通信工程建设。虽然通过基础设施建设产生的技术溢出效应偏弱，但这些工程给当地带来就业机会，是东道国未来持续发展和人民居住生活水平提高的保障，更具有民生价值。

7.6　本章小结

本章以西非法郎区国家为例，梳理并总结了其经济和国际贸易概况，在第 5 章和第 6 章的基础上，建立"三重厄尔尼诺"的分析框架，从气候、政治和经济三个角度深度剖析了经常项目再平衡难题的政治经济学逻辑，观察到中国不仅与西非法郎区有密切的贸易往来，而且是非洲投资最多的发展中国家。主要结论如下。

（1）西非法郎区国家的贸易结构相对稳定。从整体上看，所有国家的贸易规模都在扩大，表明各国均积极参与贸易开放，寻求国际市场和产品。除了科特迪瓦，其余七国为贸易赤字。贸易结构上，八国均以出口初级产品、进口技术密集型产品为主。八国均没有同时净出口食品和燃料，粮食安全和能源安全受国际社会的影响。自然资源密集型产品一直是主要的出口产品，但具体的初级产品类型会随着可利用资源的变化而变化。工业品依然是所有国家的主要进口产品，初级产品部门繁荣但其他部门衰落，这是不均衡发展的典型表现。

贸易结构稳定的原因是国内生产结构的稳定。八国仍需继续推动工业化进程，寻找可持续的发展方案。

（2）西非法郎区国家之间的深度合作存在挑战。从贸易结构上看，西非法郎区国家出口商品既互补又竞争，且竞争性更强。因为存在互补性，所以八国共同加入西非经济共同体，扩大区域开放。但同时，由于地理位置相近，自然资源禀赋重合的可能性较大，一是会给彼此间贸易带来阻碍，二是会在第三国竞争。因此，局部开放不足以满足西非法郎区国家的发展需要，国家间的合作存在挑战，八国应团结起来，形成共同优势产业的市场力量，深度参与全球市场，寻找更多贸易伙伴，更好地协调同类产品的利益分配问题。市场越大，国家间的合作越容易达成。

（3）西非法郎区国家遭受"三重厄尔尼诺"叠加的恶劣影响，国内贫困问题依然严峻，经常项目再平衡难度加大。这些国家以农业为生，大量人口从事农业生产活动。然而，降水量不足、自然灾害频发，尤其是生物灾害，不仅导致产量下降，而且容易造成人口流失。不稳定的政治环境和暴力冲突、政策执行效果不理想，加大一国政治危机，阻碍经济正常运行，打击市场活力和居民的工作积极性。这些共同导致一国很难从生产端形成一定的出口规模和足够的出口竞争力，出现经常项目赤字和国际收支失衡。本节采用"厄尔尼诺"比喻和刻画某类特征的危机性和后果的严重性。

（4）西非法郎区国家尚未通过国际资金的流入实现发展和摆脱贫困的根本目的。一方面，长时间的严重债务、较低的外国直接投资份额、依赖性的官方援助以及越来越多的个人汇款将恶化经济增长前景，不利于国内的投资和生产行为。只依靠国际社会解决债务问题是脆弱的，且容易反弹。这些国家增加的个人汇款意味着本国劳动力的流失，或本国工作环境的恶化。另一方面，有观点认为流入西非法郎区国家的资金仍低于推动经济增长走向稳态所需的外来资金门槛（Todaro and Smith，2015）。其中，外债、外国直接投资，以及官方援助中的 ODA，仍需要资金流入国具备未来的偿付能力。现在资金流入压力和未来的资金流出负担都是西非法郎区国家发展的障碍。

（5）西非法郎区国家在国际社会上独立性和自主性不强，存在法国依赖。政治上，西非法郎区国家大多曾为法国殖民地，虽早已实现政治独立，但在实践中，得到法国等发达国家认可的候选人往往会竞选成功。法国甚至参与过西非法郎区国家内部的政治冲突问题，如"独角兽行动"。货币主权上，西非法郎与欧元固定汇率，缺少自主控制货币发行和货币管理的能力，虽然西非中央银行有意识地进行"非洲化"，但尚未完全成功。经济上，由于货币局和钉住的汇率制度设计，西非法郎区国家与欧盟经济体同样保持贸易稳定和经济上相互依存。不仅法国，整个欧盟也是西非法郎区国家主要的外贸市场。西非法郎区早已成为欧盟稳定的海外市场，欧盟也是西非法郎区稳定的进口商品市场。

（6）中国与西非法郎区国家有着越来越紧密的合作伙伴关系。贸易领域上，中国带来了对西非法郎区国家初级产品的大量需求，同时为这些国家提供了更物美价廉的产品，中国成为西非法郎区国家对外贸易的重要市场。中国对西非法郎区国家的投资更多支持民生基础设施建设，提高它们抵御自然灾害的能力。增长势头更好的科特迪瓦吸引了更多的中国投资。"一带一路"倡议和中非合作论坛将为中国与西非法郎区国家的进一步合作提供更广阔的平台。

第8章 研究结论与政策建议

8.1 研究结论

本书观察到全球化具有分配效应，以陷入贫困、经常项目长期赤字的资源丰裕型发展中国家为研究对象，从国际收支表现切入，探究发展问题，具体分析其发展赤字的原因，主要探究国际资本流入为经常项目赤字融资时的再平衡效应。从"富而赤字"的现象出发，寻找长期赤字问题的症结，为共性群体总结出统一分析框架。具体地，本书得到的主要结论如下。

（1）"机会均等但结果不均等"是全球化下不均衡发展的事实。

全球化的结果有突出的非均衡性，发展中国家并不能公平地享用世界经济增长的"大蛋糕"（郎丽华，1999）。欠发达国家一直处在世界舞台边缘，它们的禀赋优势没有带来对应的市场优势，福利水平甚至在下降。通过多方位描述和分析全球化下的发展事实，发现不同收入水平的国家劳动生产率之间的绝对差距是阻碍"弱势国家"摆脱贫困的根本原因，国际"三角循环"体系发生结构性变化、全球经济政治环境的脆弱性提高、全球气候变暖、经济转型等加大了低收入国家经常项目再平衡的难度。

（2）经常项目再平衡受多种经济和非经济因素的影响。

第一，形成国内生产能力是资金流入能跨期改善经常项目的前提。在原有两期经常项目跨期均衡模型基础上，纳入外国直接投资，引入外国直接投资融资成本这一概念，关注其负债属性。当" $r_d > r_f > r_{fdi}$ "时，预算约束不断被放宽，产生超额需求。通过绘制和刻画扩展后的费雪双周期模型示意图，发现第二期的顺差须能补偿第一期逆差。这种跨期关系对应国际收支阶段假说中第一阶段"未成熟债务—借款国"到"成熟债务—借款国"的转变。这一转变需要第一阶段流入的资本获得成熟收益,基础设施已建成,资源被开发等,该国已形成较为成熟的国内生产能力和出口能力。随后,在经常项目赤字可持续性讨论中,足够高的经济增长率是赤字可持续的关键。一旦四种流入资金形成生产能力后,会产生国际收支表效应,特别是加工贸易型企业有利于经常项目顺差。

本书验证了资金流入影响经常项目跨期平衡的生产路径。外债不利于国内生产力形成,扩大经常项目赤字再平衡难度;外国直接投资可提高第一产业劳动生产率,但对第二产业产生负的外溢性,整体不利于经常项目跨期平衡;官方援助和个人汇款均能提高国内生产能力,提高能源使用效率和第一产业劳动生产率,为经常项目再平衡提供生产基础。样本国家在第二产业的本土化外资政策束缚外资企业的生产活力,援助和个人汇款是样本国家稳定的资金来源,对低收入国家意义重大,应增加援助在生产领域的投入。个人汇款既是生存汇款,也是发展汇款。

四种资金流入均显著不利于国内技术进步率提高。这是因为当前低收入国家经济增长的主要来源应是物质资本,随后是人力资本,TFP 远远靠后。

第二,经常项目跨期平衡受国内外多经济因素影响,且周期性因素作用更大。在实证检验中,为更好解释跨期作用、减弱内生性影响,解释变量全部采用滞后一期。除四种资金流入方式外,自然资源禀赋、贸易条件、国际大宗商品价格波动等正向调节经常项目失衡,私人部门贷款与 GDP 之比、政府支出占比、贸易开放度等负向调节经常项目失衡。贸易条件和大宗商品价格作为周期性因素对样本国家经常项目再平衡的驱动作用更强。

此外,调节效应中,下行的世界利率会放松预算约束,加大债务负担,扩大外债对经常项目的负向调节。由于普遍存在国内金融压抑,低水平下的金融市场普惠性提高会扩大不平等,更不利于外债对经常项目的再平衡。外资企业更多的利润再投资有助于弱化 FDI 的负债属性,国内高税率的营商环境会加大 FDI 对经常项目赤字的平衡难度。更强的控制腐败的能力会增强官方援助的融资效果,但由于人力资本水平低,其在短期内提高尚不足以增强官方援助的再平衡效应。国内外人均收入水平差异越大,个人汇款的积极作用越明显,进口消费倾向越高,个人汇款中用于购买进口品的份额越高,削弱汇款对再平衡的积极作用。

第三，自然风险和政治风险作为外源性冲击，损害经常项目赤字再平衡的基础。本书参照 Cantelmo et al.（2019）构建单一商品结构的小型开放经济体理论模型并提出相应假说，随后通过构建双向固定效应模型和引入交互项的方法完成实证检验。自然和政治危机使已有资本存量永久性地一次性贬值，破坏物质资本和人力资本积累，使生产能力受损，进一步扩大经常项目赤字，加大再平衡难度。本书还探索了四种境外资金净流入的作用机制。自然风险会显著通过增加外债和个人汇款净流入，降低 FDI 净流入影响经常项目差额；政治风险会显著通过降低外债和外国直接投资净流入，增加个人汇款净流入影响经常项目差额。其中，存在自然风险时，官方援助作用有限。面对各种风险，个人汇款一直是私人部门自我保险的一种资金流入方式，增强了居民抵御风险的能力，有助于缓解政府援助压力。实证结果通过了稳健性和内生性检验。

（3）"三重厄尔尼诺"研究框架适用于解释发展中国家的"富而赤字"和"富而贫穷"。

本书以西非法郎区国家为例，深入研究了其经济增长、贸易结构、气候特征、政治危机和债务负担等多方面表现，提出"三重厄尔尼诺"的统一分析框架。本书用"厄尔尼诺"比喻突发的危机事件，强调其对经济增长的破坏性。这一框架涵盖了本书涉及的经济因素和非经济因素，具有对样本国家的广泛适用性，可解释更多国家的发展状况。

气候上，不利的地理位置和气候变化，以及对自然灾害较弱的适应能力都会影响"靠天吃饭"产业部门的生产活动，冲击初级产品供给，导致初级产品出口乏力。而初级产品是资源丰裕型发展中国家主要的出口产品，也是更容易获取市场地位的产品类型。政治上，国内不稳定，暴力冲突频繁，"无为"和腐败的政府抑制经济生产活力。政治风险的暴露损害政府的公信力，降低国际地位，阻碍正常经济运行，加重人们生活负担。严峻的贫困问题、增长动力的可持续性问题，以及必须依赖国际组织帮助才能缓解的债务问题等都是一国在经济上遭受到的"厄尔尼诺"。气候、政治和经济三重因素叠加循环，经常项目赤字问题成为顽固的长期发展问题。这被形容为气候、政治、经济叠加的"三重厄尔尼诺"。

8.2 政策建议

2008 年国际金融危机爆发后，全球经济一体化程度下降，步入了"慢全球化"（Slowbalization）时代，新冠疫情和乌克兰危机进一步推动了全球化的倒退（Irwin，2022）。世界正处于全球化进程中的关键时期，团结合作、构建人类命运共同体是最佳出路。开放为发展创造机会。在没有全球性战争和大规模自然灾难的情况下，世界上大部分人并不会放弃一体化的、效率更高的世界市场带来的好处（丹尼·罗德里克，2016）。但全球化收益在参与者之间分配不均。"富而赤字"的发展中国家在国际市场的边缘化使其处于弱势。改善弱势国家地位，增强其经济发展潜力和韧性是实现全球包容性增长的重要环节。

形成新共识，发展"新型全球化"是实现机会均等和结果均等的关键。建设一个在同一层面上经济互动并作用的全球调节框架是新的尝试和挑战①。据估计，加强贸易措施，融入全球价值链，可增加收入，使超过 2100 万人在 2030 年摆脱贫困（Chepeliev et al.，2022）。据此，本书从"富而赤字"的样本国家、中国和国际组织三个视角分别提出政策建议。

8.2.1 增强样本国家的自助能力

（1）坚持开放，守住"油和米"的底线，促进物质资本和人力资本积累。

"油和米"是一国生存之本。气候变化和地缘政治冲突更是让各国意识到粮食和能源安全的战略意义。全球经济中的弱势国家大多依赖单一资源产品，深受世界价格机制的影响，面临明显的生存困境。这些"富而赤字"的发展中国家应努力实现更大程度的自给自足（Self‐sufficiency），尽量在自己的土地上解决粮食安全和能源安全问题，在开放中发展生产，保障供给。

以农业为主的第一产业是对外来资金吸收能力最强的产业。农业有大量的发展空间，存在巨大的发展潜力，可尝试提高小农户的商业化，提高生产效率

---

① 资料来源：张燕生，"超级全球化受挫，新型全球化开启"，环球网，https：//3w. huanqiu. com/a/de583b/40TbeZCLh4A？agt＝20，2020 年 10 月 29 日。

和产量。例如，在赞比亚，小农户占到农业生产人口的 70%（刘海方，2018）。增加小农户的参与和贡献，不仅提高了居民收入，而且有助于维护整个国家的粮食生产安全。具体地，推动农业技术培训和推广，降低粮食管理和销售等方面的难度和成本，提供必要的基础设施，监控农产品价格，避免因勾结腐败等造成的市场失灵和扭曲。农业不是国内工业化道路的阻碍，而是有利于整个经济战略转型的生存底线，有利于物质资本和人力资本积累。

同时，开放带来机会，全球化已经为样本国家搭建了多边贸易的舞台，提供了多种融资渠道，抓住全球化提供的增长机会是这些国家摆脱贫困的"秘钥"。在开放过程中，样本国家应积极对接国际贸易规则，获取国际贸易便利。例如，几内亚比绍没有经国际认证的农产品检验检测体系，这不利于该国农产品打开海外市场，主要出口产品腰果深受影响。贸易开放有助于突破国内局限，为解决贫困和平衡赤字提供可能。

（2）培养本国经济发展能力，提高外资使用效率。

经常项目再平衡不仅受储蓄和投资的差值限制，而且受制于储蓄和投资之间的转化效率以及各种风险因素。样本国家应注意本国基本国情，创造一个健康的政治经济环境，在掌握和运用外来知识和中等技术时，调整相匹配的社会组织结构和相关制度安排。这是一国社会能力的体现，也是落后国家成功利用先进国家技术，获得高增长的关键（路风和余永定，2012）。

具体地，重点吸引生产型 FDI，增加外资企业对东道国的依赖，或对跨国公司采取激励性的外汇管制措施，鼓励利润再投资。跨国企业的逐利行为可能导致更多的自然资源部门投资，但应确保将一定份额的自然资源收入投资于生产型物质资本和人力资本，最大限度地提高外资的溢出效应。因为国内技术型工人短缺，所以要将劳动力视为资产项目，提升劳动力的生产能力。这应该成为样本国家国内企业和引入跨国企业时关注的重点。

（3）拓展可持续融资机制，抓住绿色发展机遇。

2022 年，发达国家纷纷加息，美国宏观政策转向，多次加息并缩小美联储的资产负债表规模，国际融资成本飙升。这加重了低收入国家的偿债负担，使其陷入债务风险。因此，样本国家需要寻求健康可持续的融资机制，重新思考并调整金融支持方案。

根据环境、社会和公司治理（ESG）发展理念，鼓励通过绿色发展形成新型比较优势或后发优势，实现经济、社会和生态的共赢。在获取投融资资金时，绿色和可持续的资产越来越受到欢迎，更容易获得多边机构的支持。通过技术和能源转型实现绿色发展的过程存在大量资金缺口，发展绿色金融，对于资源丰裕型发展中国家来说，既是机遇也是挑战。

因此，鼓励发展绿色金融供给，撬动更多私人投资进入，引导私人投资者为绿色可持续发展提供资金支持是当下可行且有效的融资方案。如此一来，多方密切合作，风险共担，共同分摊公共产品和服务费用，有活力、有动力地提高社会资本的生产力。现已发展有可持续挂钩贷款、基础设施项目融资证券化平台和混合融资联合借贷平台等创新型融资机制①。

另外，多边开发银行具有区域性特征，更熟悉成员国的实际情况，可提供更加精准的优惠支持，通过定向改善相关硬件设施，发挥特色产业优势，吸引更多金融资源，推动区域经济绿色发展。类似非洲开发银行等国际金融机构还可参与成员国的自然资源管理，协助合同谈判，提高谈判能力，有效管理自然资源收入。

8.2.2 提高中国的助力质量

（1）提高"一带一路"建设质量，帮助沿线国家克服发展赤字。

中国和广大的资源丰裕型国家有非常密切的交往，有深度的相互依赖，寻求双方和多方的最大交集是共商、共建、共享、共赢的基础。39个样本国家与中国签订了"一带一路"合作文件，各国将通过构建人类命运共同体，改善世界不同群体的相处方式，克服全球发展赤字，实现全球经济稳定和长久的复苏。中国政府和企业要了解投资和提供援助的目的国的社会概况，设计更切合实际和有效的救助方案。例如，赞比亚是较早吸收中国对外直接投资的国家，但中国对矿业的投资比重远远高于农业，对赞比亚农业投资还有极大的发展空间（刘海方，2018）。"贸易＋FDI＋援助"或者"援助＋FDI＋其他投资"等打包模式也值得更多尝试，在增加东道国投资的同时，降低产出压力；

---

① 参考资料：汤盈之、岳梦迪、王珂礼，发展创新性融资机制、助力绿色"一带一路"建设，中央财经大学绿色金融国际研究院，https://iigf.cufe.edu.cn/info/1012/4378.htm，2021年11月28日。

建立多元合作关系，支持鼓励由中国企业参与的对"一带一路"共建国家技术和人力资本的提升工作，例如，华为与卢旺达两所大学成立信息与通信（ICT）学院，定期开展人才培训。一些信息技术（IT）公司，如四达时代 StarTimes，参与非洲"万村通"计划，这对中国继续构建开放经济新体制具有重要启示。总之，发挥"一带一路"作为公共服务平台作用，不仅仅通过基础设施投资硬链接，更将贸易、投资和金融融合，增强"一带一路"的可持续性，扩大基础设施的正向外溢效应。

除"一带一路"倡议外，中国还积极联动全球发展倡议和全球合作倡议等。在全球发展倡议项目中，中国向多哥提供了粮食和营养援助，中国还同联合国南南合作办公室共同实施"发展中国家青年跨境电商扶贫和可持续发展能力建设研修项目"。中国希望通过南南合作实现合作共赢，绝不会通过施以援助干涉受援国内政。

（2）构建高质量合作伙伴关系，保护中国企业海外利益。

在与海外建立多元合作关系的同时，中国更应聚焦中国企业，保护中国企业的海外利益。跨国公司在投资前应进行充分调查，一国政治风险、自然风险和汇率风险等都是区位选择的重要考虑因素。充分构建与东道国企业之间的密切联系，合理运用金融和法律工具，尽可能降低在东道国遭受损失的风险。海外投资保险是保障企业海外利益的重要手段，在国际风险高的国家进行投资的企业会获得一定的风险补偿（闫帅，2022）。例如，中国进出口信用保险公司为对外贸易和对外投资合作提供保险等服务，并提供专业的国别风险研究和资产评估信息，以供跨国公司参考。

政治互信非常重要，单纯从国际社会观察一国的政治危机稍显偏颇，应重点关注与中国的经济、政治、外交联系。中国应与其他国家建立高质量的合作伙伴关系，通过双边投资协定（Bilateral Investment Treaties，BIT）等外交手段保护中国企业的海外投资利益。建立高质量伙伴关系有时比研究东道国的社会政治风险更有意义，充分利用国家外交关系来降低贸易投资中潜在的政治风险。

8.2.3　改善国际组织的公共产品支持

1. 增加全球公共产品供给，促进全球包容性增长

国际组织是解决全球失衡、减少发展中国家的极端贫困、促进全球秩序改

善的重要设计者。首先,各国应支持国际组织的核心作用。削弱国际机构的作用并不会阻止全球化,反而会促使话语权强的国家以更不负责任的方式行使它们的权力(戴维·赫尔德 等,2005)。全球问题需要朝着更加负责的方向发展。

在增长上升但减贫停滞的情况下,国际社会提出包容性增长的平等发展目标。单纯追求 GDP 增长是有缺陷的,包容性增长指收入公平分配并为所有人创造机会的经济增长,关注生产性就业和增长模式。在 2022 年第四届外滩金融峰会上,交通银行行长刘珺与诺贝尔经济学奖得主迈克尔·斯宾塞(Michael Spence)在关于全球经济的包容性增长等相关议题中,主张建立弱势国家的保护机制,促进可持续发展。这些弱势国家应对危机的能力有限,单纯依靠自身力量很难摆脱危机,因此,发挥国际组织在国际事务中的核心作用,增加公共产品供给是实现包容性增长的一个思路。

联合国《2030 年可持续发展议程》中提到,要让所有人平等和有尊严地在一个健康的环境中充分发挥自己的潜力,恢复全球可持续发展伙伴关系的活力,尤其要满足最贫困、最脆弱群体的需求。如今,国际关系中存在合作缺口,全球治理赤字扩大。只要实现了任一公共目标或满足了任一公共利益,就代表向该系统提供了一件公共物品。以个人汇款为例,《2030 年可持续发展议程》中目标 10. c 是降低汇款成本,劳动力流动有助于降低区域间收入差距①。降低经济移民的成本,使个人汇款更好地用于家庭脱贫。国际组织维护全球供应链和产业链安全,增强国际治理中的合作机制,也是向国际社会提供公共产品。

2. 提供相应补偿机制,解决集体行动的难题

国际组织应保持客观和公正,作为第三方参与协调和监管全球利益分配,鼓励大国作为,帮助全球实现包容性增长。"从平等的观点看,唯有这些赢家用积累得到的好处来补偿这些输家,才能证明经济全球化是合理的"(戴维·赫尔德 等,2005)。鉴于面临资源诅咒和全球产业链断裂的风险,以及"绿天鹅"事件,气候变化和自然灾害对经济增长的约束越来越大,国际组织应

---

① 联合国大会于 2015 年 9 月 25 日第 70/1 号决议通过《变革我们的世界:2030 年可持续发展议程》,宣布了 17 个可持续发展目标和 169 个具体目标。其中目标 10 是减少国内内部和国家之间的不平等。

提供对"富而赤字"发展中国家的补偿机制，并明确附加条件的合理性和可行性。

在 2022 年联合国国际气候变化大会上，国际气候变化与发展中心的负责人 Saleemul Huq 成功争取到由富裕国家承担由气候变化造成的损失和损害的承诺，并强调这种承担（负责）不是援助①。富裕的国家应为气候变化给气候脆弱国家造成的损失和破坏买单，且双方地位是对等的。气候和自然环境是属于全人类的共同利益，但共同利益只是共同行动的必要条件，不是充分条件。成本分担和收益享用的不对称会导致集体行动的困境。因此，全球治理作为一个公共产品，国际组织应参与调节这种不对称，毕竟"自愿行动尚未在任何领域成功地解决过公共产品安排供给不足的问题"（奥尔森，2018）。

国际组织作为国际规则的设计者，要倡导大国责任、担当和主动作为，肩负起"大成员"的担当，补充全球公共物品，积极组织协调各国之间团结合作，使集体利益成为各国行为的标准。大国可提供技术转让上的合作，协同资源丰裕型发展中国家绿色转型，帮助脆弱国家提高抵御灾害、应对国际大宗商品价格波动风险的能力。

8.3　研究局限与展望

本书是在全球化背景下对资源丰裕型发展中国家经常项目赤字再平衡的探索，探究了四种资金流入形式，自然和政治两种非经济因素风险对经常项目差额的影响，有助于研究者和政策执行者通过"三重厄尔尼诺"理解"富而赤字"和"富而贫穷"，便于国际组织和系统重要性国家思考更有效的帮扶方案。但限于研究水平，本书仍有局限之处，具体如下。

（1）在实证检验中，本书采用的研究数据属于非平衡面板数据，个别国家缺失相对严重，如布基纳法索的外国直接投资净流入数据和伊拉克 2005 年以前的数据等。并且，外国直接投资的样本量明显少于其他三种，但因本书需

---

① 参考资料：Masood E., Saleemul Huq: Climate Revolutionary, International Centre for Climate Change and Development, 2022 - 12 - 15, https://www.icccad.net/publications/saleemul - huq - climate - revolutionary/。

要比较外债、外国直接投资、官方援助和个人汇款影响经常项目差额的区别，将外国直接投资的回归系数直接与其余三个的回归系数对比可能存在一定的偏误。后续研究应通过对外围国家驻中国大使馆官员访谈等方式扩大数据收集来源，进一步精确研究样本国家类型。

（2）可以进一步细化政治风险。本书研究传统政治风险，重点强调因政局动荡、政府不稳定等因素造成的风险，涉及地缘政治风险，但不是重点。文中对一国与国际上其他国家的地缘政治冲突讨论不多，没有涉及由于双方观念、认知上的分歧或矛盾而产生的战略政治不互信性质的非传统政治风险。因此，在后续的研究中，可拓展政治危机的概念和场景，多方位地观察一国政治环境，获得更丰富的研究内容。

（3）研究对象为长期面临经常项目赤字问题的发展中国家，后续研究可另选一资源丰裕型顺差国家作为典型案例，分析其国际收支阶段的跨越，总结归纳其发展为"成熟债务—借款国"的成功经验，并探讨进一步推广学习的可能性。

参 考 文 献

［1］ Acemoglu, D. , Johnson, S. , Robinson, J. A. An African Success Story: Botswana ［R］. Massachusetts Institute of Technology Department of Economics Working Paper 01 – 37, 2001.

［2］ Acevedo, M. S. , Mrkaic, M. , Novta, N. , et al. The Effects of Weather Shocks on Economic Activity: What Are the Channels of Impact? ［J］. Journal of Macroeconomics, 2018 (65), 103207.

［3］ Adams, R. H. , Cuecuecha, A. The Impact of Remittances on Investment and Poverty in Ghana ［J］. World Development, 2013, 50: 24 – 40.

［4］ Aguiar, M. , Amador, M. Sovereign Debt: A Review ［R］. NBER Working Paper No. 19388, 2013.

［5］ Ahrend, R. How to Sustain Growth in A Resource Based Economy? (The Main Concepts and Their Application to the Russian Case) ［R］. OECD Economics Working Paper No. 478, 2006.

［6］ Albala – Bertrand, J. M. Natural Disaster Situations and Growth: A Macroeconomic Model for Sudden Disaster Impacts ［J］. World Development, 1993, 21 (9): 1417 – 1434.

［7］ Ali, A. , et al. Political Stability and Balance of Payment: An Empirical Study in Asia ［J］. American Journal of Applied Sciences, 2008, 5 (9): 1149 – 1157.

［8］ Anetor, F. O. , Esho, E. , Verhoef, G. The Impact of Foreign Direct Investment, Foreign Aid and Trade on Poverty Reduction: Evidence from Sub – Saharan African Countries ［J］. Cogent Economics & Finance, 2020, 8 (1), 1737347.

［9］ Anuchitworawong, C. , Thampanishvong, K. Determinants of Foreign Direct Investment in Thailand: Does Natural Disaster Matter? [J] . International Journal of Disaster Risk Reduction, 2015 (14): 312 – 321.

[10] Anyanwu, J. C. , Yameogo, N. D. Regional Comparison of Foreign Direct Investment to Africa: Empirical Analysis [J] . African Development Review, 2015, 27 (4): 345 – 363.

[11] Araujo, et al. Current Account Norms in Natural Resource Rich and Capital Scarce Economies [J] . Journal of Development Economics, 2016, 120 (80): 144 – 156.

[12] Araujo, J. D. , Li, B. G. , Poplawski – Ribeiro, M. , et al. Current Account Norms in Natural Resource Rich and Capital Scarce Economies [J] . Journal of Development Economics, 2016, 120 (80): 144 – 156.

[13] Asongu, S. A. , Nwachukwu, J. C. Foreign Aid and Governance in Africa [J] . International Review of Applied Economics, 2016, 30 (1): 69 – 88.

[14] Auty, R. M. , Gelb, A. H. Political Economy of Resource Abundant States [R] . Paper Prepared for the Annual Bank Conference on Development Economics, 2000.

[15] Azizi, S. The Impacts of Workers' Remittances on Human Capital and Labor Supply in Developing Countries [J] . Economic Modelling, 2018, 75 (3): 377 – 396.

[16] Bang, J. T. , Mitra, A. , Wunnava, P. V. Do Remittances Improve Income Inequality? An instrumental Variable Quantile Analysis of the Kenyan Case [J] . Economic Modelling, 2016, 58: 394 – 402.

[17] Benali, N. , Abdelkafi, I. , Feki, R. Natural – Disaster Shocks and Government's Behavior: Evidence from Middle – Income Countries [J] . International Journal of Disaster Risk Reduction, 2018 (27): 1 – 6.

[18] Ben – Salha, O. , et al. Natural Resource Rents and Economic Growth in the Top Resource – Abundant Countries: A PMG Estimation [J] . Resource Policy, 2021 (74): 101229.

[19] Berg, A. , Portillo, R. , Yang, S. , et al. Public Investment in Resource – Abundant Developing Countries [J] . IMF Economic Review, 2013, 61

（1）：92 – 129.

[20] Bjorvatnetal, K. , Farzanegan, M. R. , Schneider, F. Resource Curse and Power Balance: Evidence from Oil – Rich Countries [J] . World Development, 2012, 40（7）：1308 – 1316.

[21] Bolton, P. , Després, M. , Silva, L. , et al. The Green Swan: Central Banking and Financial Stability in the Age of Climate Change [J] . BIS, 2020: 1 – 2.

[22] Borio, C. , Disyatat, P. Capital Flows and the Current Account: Taking Financing（More）Seriously [R] . BIS Working Papers No. 525, 2015.

[23] Bussière, M. , Fratzscher, M. , Gernot, G. M. Current Account Dynamics in OECD and EU Acceding Countries – An Intertemporal Approach [R] . European Central Bank Working Paper Series No. 311, 2004.

[24] Bussière, M. , Fratzscher, M. , Müller, G. J. Current Account Dynamics in OECD Countries and in the New EU Member States: An Intertemporal Approach [J] . Journal of Economic Integration, 2006, 21：593 – 618.

[25] Caldara, D. , Iacoviello, M. Measuring Geopolitical Risk [R] . Board of Governors of the Federal Reserve Board Working Paper, Nov 2021.

[26] Cantelmo, A. , et al. Macroeconomic Outcomes in Disaster – Prone Countries [R] . IMF Working Paper, 2019, WP/19/217.

[27] Cao, S. , Kang, S. J. Personal Remittances and Financial Development for Economic Growth in Economic Transition Countries [J] . International Economic Journal, 2020, 34（3）：472 – 492.

[28] Cevik, S. , Jalles, J. F. Feeling the Heat: Climate Shocks and Credit Ratings [R] . IMF Working Paper, 2020. WP/20/286.

[29] Chepeliev, et al. Globalisation, Not Localisation, Is the Key to Post – Pandemic Prosperity [EB/OL] . VOX, CEPR Policy Portal, （2022 – 06 – 07）. https: //voxeu. org/article/globalisation – not – localisation – key – post – pandemic – prosperity.

[30] Chinn, M. D. , Prasad, E. S. Medium – Term Determinants of Current Accounts in Industrial and Developing Countries: An Empirical Exploration [J] .

Journal of International Economics, 2003 (59): 47 – 76.

[31] Corden, W. M. , Neary, J. P. Booming Sector and De – Industrialization in A Small Open Economy [J]. The Economic Journal, 1982, 92 (368): 825 – 848.

[32] Cornaggia, J. , et al. Does Banking Competition Affect Innovation [J]. Journal of Financial Economics, 2015, 115 (1): 189 – 209.

[33] Crowther, G. Balance of Imbalance of Payments, The George H. Leatherbee Lectures [Z]. manuscript, 1957.

[34] Debelle, G. , Faruqee, H. What Determines the Current Account? A Cross – Sectional and Panel Approach [R]. IMF Working Paper 96/58, 1996.

[35] Demirgüç – Kunt, Asli. , Klapper, L. Measuring Financial Inclusion: The Global Findex [R]. World Bank Policy Research Working Paper No. 6025, 2012.

[36] Desbordes, R. , Vicard, V. Foreign Direct Investment and Bilateral Investment Treaties: An International Political Perspective [J]. Journal of Comparative Economics, 2009, 37 (3): 372 – 386.

[37] Dooley, M. Country – Specific Risk Premiums, Capital Flight, and Net Investment Income Payments in Selected Developing Countries [R]. IMF Departmental Memorandum No. 17, 1986.

[38] Easterly, W. The White Man's Burden. Why the West's Efforts to Aid the Rest Have Done So Much Ill and So Little Good [M]. London: Penguin Press, 2006.

[39] Egger, P. , Winner, H. Evidence on Corruption as an Incentive for Foreign Direct Investment [J]. European Journal of Political Economy, 2005 (4): 932 – 952.

[40] Eichengreen, B. , Hausmann, R. Exchange Rates and Financial Fragility [C]. Proceedings – Economic Policy Symposium – Jackson Hole. Federal Reserve Bank of Kansas City, 1999.

[41] Elbra, A. D. The Forgotten Resource Curse: South Africa's Poor Experience with Mineral Extraction [J]. Resources Policy, 2013 (38): 549 – 557.

［42］Emetere, M. E. Investigations on Aerosols Transport over Micro – and Macro – Scale Settings of West Africa ［J］. Environmental Engineering Research, 2017, 22 (1): 75 – 86.

［43］Eregha, P. B. , Mesagan, E. P. Oil Resources, Deficit Financing and Per Capita GDP Growth in Selected Oil – rich African Nations: A Dynamic Heterogeneous Panel Approach ［J］. Resource Policy, 2022 (66): 101615.

［44］Faini, R. Remittances and the Brain Drain ［R］. SSRN Electronic Journal, Centro Studi Luca d'Agliano Development Studies Working Paper No. 214, 2006.

［45］Feenstra, R. C. , Inklaar, R. , Timmer, M. P. The Next Generation of the Penn World Table ［R］. American Economic Review, 2015, 105 (10): 3150 – 3182.

［46］Fernandez – Villaverde, J. , Levintal, Q. Solution Methods for Models with Rare Disasters ［J］. Quantitative Economics, 2018, 9 (2): 903 – 944.

［47］Fischer, A. M. Putting Aid in Its Place: Insights from Early Structuralists on Aid and Balance of Payments and Lessons for Contemporary Aid Debates ［J］. Journal of International Development, 2010, 21 (6).

［48］Fisher, I. The Theory of Interest As Determined by Impatience to Spend Income and Opportunity to Invest It. Augustus M. Kelley Publishers, Clifton, 1930.

［49］Freund, C. L, Warnock, F. E. Current Account Deficits in Industrial Countries: The Bigger They are, the Harder They Fall? ［R］. NBER Working Paper No. 11823, 2012.

［50］Garg, B. , Prabheesh, K. P. Testing the Intertemporal Sustainability of Current Account in the Presence of Endogenous Structural Breaks: Evidence from the Top Deficit Countries ［J］. Economic Modelling, 2021 (97): 365 – 379.

［51］Hall, J. C. , Karadas, S. , Schlosky, M. T. T. Is There Moral Hazard in the Heavily Indebted Poor Countries (HIPC) Initiative Debt Relief Process? ［J］. Journal of Economic Development, 2018, 43 (3): 1 – 24.

［52］Hu, S. , Gong, D. Economic Policy Uncertainty, Prudential Regulation and Bank Lending. Finance ［J］. Research Letters, 2019 (29): 373 – 378.

[53] Hume, D. Of the Balance of Trade [M]. Essays, Moral, Political and Literary, vol 1, London: Longmans, 1898.

[54] International Monetary Fund. Annual Report on Exchange Arrangements and Exchange Restrictions [R]. 2020: 526 – 527.

[55] International Monetary Fund. External Sector Report: Pandemic, Warm and Global Imbalance [R]. DC, 2022.

[56] International Monetary Fund. Macroeconomic Policy Frameworks for Resource – Rich Developing Countries [R]. 2012 (070): 1 – 55.

[57] Irwin, A. D. Globalization is in Retreat for the First Time Since the Second World War [EB/OL]. PIIE, (2022 – 10 – 28). https: //www. piie. com/ research/piie – charts/globalization – retreat – first – time – second – world – war.

[58] Kano, T. A Structural VAR Approach to the Intertemporal Model of the Current Account [J]. Journal of International and Finance, 2008 (27): 757 – 779.

[59] Lane, H. Sustainable Development versus Economic Growth: A Case Study on Natural Disaster in Nicaragua [J]. The Journal of Environment & Development, 2000, 9 (2): 175 – 182.

[60] Le, A. T., Tran, T. P. Does Geopolitical Risk Matter for Corporate Investment? Evidence from Emerging Countries in Asia [J]. Journal of Multinational Financial Management, 2021, 62: 100703.

[61] Le, De L., Gaillard, J. C., Friese, W. Remittances and Disaster: A Review [J]. International Journal of Disaster Risk Reduction, 2013 (4): 34 – 43.

[62] Lensink, R., Hermes, N., Murinde, V. Capital Flight and Political Risk [J]. Journal of International Money and Finance, 2000, 19 (1): 73 – 92.

[63] Li, W., Nie, G., Wang, Z. Trade, FDI, and Global Imbalances [J]. Journal of International Money and Finance, 2020, 105.

[64] Liu, A., Tang, B. US and China Aid to Africa: Impact on the Donor – Recipient Trade Relations [J]. China Economic Review, 2018 (48): 46 – 65.

[65] Matallah, S., Matallah, A. Oil Rents and Economic Growth in Oil – a-

bundant MENA Countries: Governance is the Trump Card to Escape the Resource Trap [J]. Topics in Middle Eastern and African Economies, 2016, 18 (2): 87 – 116.

[66] McKinnon, R. Money and Capital in Economic Development [M]. Washington DC: The Brooking Institute, 1973.

[67] Milanovic, B. The Two Faces of Globalization: Against Globalization as We Know It [J]. World Development, 2003, 31 (4): 667 – 683.

[68] Mohapatra, S., Joseph, G., Ratha, D. Remittances and Natural Disasters: Ex – Post Response and Contribution to Ex – Ante Preparedness [J]. Environment, Development and Sustainability, 2012, 14 (3): 365 – 387.

[69] Morsy, H. Current Account Determinants for Oil Exporting Countries [R]. IMF Working Paper, WP/09/28, 2009.

[70] Neise, T., Sohns, F., Breul, M., et al. The Effect of Natural Disasters on FDI Attraction: A Sector – Based Analysis Over Time and Space [J]. Natural Hazards, 2022, 110 (2): 999 – 1023.

[71] Nguyen, T. T., Pham, B. T., Sala, H. Being an Emerging Economy: To What Extent Do Geopolitical Risks Hamper Technology and FDI Inflows? [J]. Economic Analysis and Policy, 2022, 74: 728 – 746.

[72] Obstfeld, M., Rogoff, K. The Intertemporal Approach to the Current Account [M]. Handbook of International Economics, New York: North Holland Publishing Co., 1995 (3): 1731 – 1799.

[73] Ousama, B. S., Hajer, D., Maamar, S. Natural Resource Rents and Economic Growth in the Top Resource – Abundant Countries: A PMG Estimation [J]. Resources Policy, 2018 (Forthcoming): S0301420717304294 –.

[74] Phillips, S., Catão, L., Ricci, L., et al. The External Balance Assessment (EBA) Methodology [R]. IMF Working Paper, WP/13/271, 2013.

[75] Phillips, S., Ricci, L. A., Catão, L., et al. External Balance Assessment (EBA) Methodology: Technical Background [R]. IMF's Research Department, 2013.

[76] Pigato, M., Gourdon, J. The Impact of Rising Chinese Trade and Devel-

opment Assistance in West Africa [R]. World Bank, Africa Trade Practice Working Paper Series No. 4, 2014.

[77] Ploeg, F. var der, Venables, A. J., Anthony, J. Harnessing Windfall Revenues: Optimal Policies for Resource Rich Developing Economies [J]. Royal Economic Society, 2011, 121 (551): 1 – 30.

[78] Polterovich, et al. Resource Abundance: A Curse or Blessing? [R]. DESA Working Paper No. 93, 2010.

[79] Ratha, D. Remittances in Development: A Lifeline to Poor Countries [J]. Finance and Development, 2009, 46 (4): 30.

[80] Raúl, P. The Economic Development of Latin America and its Principal Problems [J]. Economic Bulletin for Latin Amertca, 1962, 7 (1): 1.

[81] Razek, N. H. A., McQuinn, B. Saudi Arabia's Currency Misalignment and International Competitiveness, Accounting for Geopolitical Risks and the Super – Contango Oil Market [J]. Resources Policy, 2021 (72): 102057.

[82] Reinhart, C. M., Rogoff, K. S., Savastano M A. Debt intolerance [C]. 75th Conference of the Brookings – Panel on Economic Activity, 2003.

[83] Rosenstein – Rodan, P. N. Notes on the Theory of the "Big Push" [J]. International Economic Association Series, 1961.

[84] Sachs, J. D. The Current Account and Macroeconomic Adjustment in the 1970s [J]. Brookings Papers on Economic Activity, 1981 (1): 201 – 282.

[85] Sachs, J. D., Warner, A. M. The Big Push, Natural Resource Booms and Growth [J]. Journal of Development Economics, 1999 (59): 43 – 79.

[86] Shahbaz, M., Destek, M., Okumus, L., et al. An Empirical Note on Comparison between Resource Abundance and Resource Dependence in Resource Abundant Countries [J]. Resources Policy, 2019 (60): 47 – 55.

[87] Song, Z., Storesletten, K., Zilibotti, F. Growing Like China [J]. American Economic Review, 2011, 101 (1): 196 – 233.

[88] Strauss, I. Understanding South Africa's Current Account Deficit: The Role of Foreign Direct Investment Income [J]. African Economic Brief, 2015 6 (4): 1 – 14.

[89] Tapsoba, T. A. , Hubert, D. B. International Remittances and Development in West Africa: The Case of Burkina Faso [M] . Migration in West Africa, Teye J. K. (Ed.), International Migration, Integration and Social Cohesion, 2021: 169 – 187.

[90] Teye, J. K. , Nikoi, E. G. A. Climate – Induced Migration in West Africa [M] . Migration in West Africa, Teye J. K. (Ed.), International Migration, Integration and Social Cohesion, 2021: 79 – 106.

[91] Tiwari, A. K. , Das, D. , Dutta, A. Geopolitical Risk, Economic Policy Uncertainty and Tourist Arrivals: Evidence from A Developing Country [J] . Tour. Manag, 2019 (75): 323 – 327.

[92] Todaro, M. P. , Smith, S. C. Economic Development [M] . New York University and Population Council, Pearson, 2015, 12th Edition: 501 – 543.

[93] Tsani, S. Natural Resources, Governance and Institutional Quality: The Role of Resource Funds [J] . Resources Policy, 2013 (38): 181 – 195.

[94] Tsoutsoplides, C. The Determinants of the Geographical Allocation of EC Aid to the Developing Countries [J] . Applied Economics, 1991, 23 (4A): 647 – 658.

[95] Wantchekon, L. Why do Resource Dependent Countries Have Authoritarian Governments? [J] . Journal of African Finance and Economic Development, 2002, 5 (2): 57 – 77.

[96] Yang, D. Coping with Disaster: The Impact of Hurricanes on International Financial Flows: 1970 – 2002 [R] . NBER Working Paper No. 12794, 2006.

[97] Yilanci, et al. Disaggregated Analysis of the Curse of Natural Resources in Most Natural Resource – abundant [J] . Resource Policy, 2021 (71): 102017.

[98] Yilmazkuday, H. Accounting for Trade Deficits [J] . Journal of International Money and Finance, 2021, 115: 102385.

[99] Yuan, W. Foreign Capital and International Division Trap [J] . International Journal of Financial Research, 2018, 9 (2): 227 – 235.

[100] Ziesemer, T. H. W. Worker Remittances, Migration, Accumulation

and Growth in Poor Developing Countries: Survey and Analysis of Direct and Indirect Effects [J]. Economic Modelling, 2012, 29 (2): 103 – 118.

[101] 奥尔森. 集体行动的逻辑 [M]. 陈郁, 郭宇峰, 李崇新, 译. 上海: 格致出版社, 2018: 1 – 67.

[102] 本杰明·科恩. 货币强权: 从货币读懂未来世界格局 [M]. 张琦, 译. 北京: 中信出版社, 2017: 13 – 15, 89 – 97.

[103] 本杰明·科恩. 货币地理学 [M]. 代先强, 译. 成都: 西南财经大学出版社, 2004.

[104] 卞学宇, 范爱军. 金砖国家国际资本流动性度量及比较研究 [J]. 南开经济研究, 2014 (5): 40 – 53.

[105] 卞学宇, 范爱军. 贸易条件波动对经常项目均衡的非线性 HLM 效应——基于 PVM 模型的再检验 [J]. 国际商务 (对外经济贸易大学学报), 2015 (4): 17 – 26.

[106] 蔡昉. 中国经济增长的世界意义 [M]. 北京: 中国社会科学出版社, 2019.

[107] 蔡卫星, 等. 银行业市场结构对企业生产率的影响——来自工业企业的经验证据 [J]. 金融研究, 2019 (4): 39 – 55.

[108] 曾松林, 刘周熠, 黄赛男. 经济政策不确定性、金融发展与双边跨境银行资本流动 [J]. 国际金融研究, 2022 (10): 61 – 71.

[109] 曾松林, 吴青青, 黄赛男. 极端国际资本流动的经济影响与政策启示——基于资本账户子项目的视角 [J]. 国际金融研究, 2021 (8): 34 – 43.

[110] 程宇丹, 龚六堂. 政府债务对经济增长的影响及作用渠道 [J]. 数量经济技术经济研究, 2014, 31 (12): 22 – 37, 141.

[111] 戴维·赫尔德, 等. 驯服全球化 [M]. 童新耕, 译. 上海: 上海世纪出版集团, 2005: 7 – 13.

[112] 丹比萨·莫约. 援助的死亡 [M]. 王涛, 杨惠, 译. 北京: 世界知识出版社, 2010.

[113] 丹尼·罗德里克. 经济趋同的未来 [J]. 比较, 2012 (2): 110 – 136.

[114] 丹尼·罗德里克. 一种经济学多种药方 [M]. 张军扩, 侯永志, 等译. 北京: 中信出版社, 2016: 183 – 185, 208.

［115］丁剑平，白瑞晨．非抛补利率平价偏移、汇率波动与政府杠杆率［J］．财贸经济，2022，43（10）：73－86.

［116］丁振辉，夏园园．"双赤字"与美国经济增长：理论、事实及解释［J］．国际贸易问题，2012，360（12）：61－71.

［117］董敏杰，梁泳梅．"拉美模式"历史根源和不平等的长期影响［J］．改革，2014（10）：46－53.

［118］高成兴，樊素杰．拉美发展模式与东亚发展模式的比较［J］．拉丁美洲研究，1998（6）：42－47.

［119］高建刚．经济一体化、政治风险和第三国效应对中国OFDI的影响［J］．财贸研究，2011，22（5）：57－64.

［120］高连和．企业对外直接投资的国家风险研究述评［J］．社会科学家，2020（1）：43－49.

［121］高睿，王营，曹廷求．气候变化与宏观金融风险——来自全球58个代表性国家的证据［J］．南开经济研究，2022（3）：3－20.

［122］顾国达，钟晶晶，毛一平．FDI对我国经常项目收支影响——基于1982—2006年数据的实证研究［J］．浙江大学学报（人文社会科学版），2009，39（4）：151－160.

［123］郭华．非洲法郎区货币合作路径探折［J］．西亚非洲，2007（2）：42－46.

［124］郭树清．直面两种失衡［M］．北京：中国人民大学出版社，2007.

［125］胡朝晖，李石凯．美国双缺口、对外债务与经济增长［J］．世界经济研究，2013（2）：27－34，87－88.

［126］胡传华．津巴布韦"独立与发展道路"［M］．北京：中国社会科学出版社，2019.

［127］胡晓山．浅论"重债穷国计划"对受援国的宏观经济影响［J］．世界经济研究，2005（7）：31－36.

［128］黄克安，陈春锋．"外资依赖"的概念模型与经验实证——试从货币资本的角度解读外资流动中的金融风险［J］．国际贸易问题，2003（5）：56－60.

［129］江艇．因果推断经验研究中的中介效应与调节效应［J］．中国工

业经济，2022（5）：100 – 120.

[130] 克里斯蒂娜·拉加德. 气候变化下的中央银行新职能 [J]. 冯天真，译. 国际金融，2021（5）：32 – 35.

[131] 郎丽华. 非均衡的经济全球化与发展中国家 [J]. 世界经济，1999（6）：38 – 41.

[132] 李嘉楠，龙小宁，姜琪. 援助与冲突——基于中国对外援助的证据 [J]. 经济学（季刊），2021，21（4）：1123 – 1146.

[133] 李建军，李俊成. 全球化真的损害了发达国家的经济利益吗——来自全球化收益分配及其决定因素的证据 [J]. 经济学家，2019（7）：101 – 112.

[134] 李景睿，王佳梓. 制度环境、人力资本与出口产品质量提升 [J]. 国际商务研究，2022，43（5）：13 – 25.

[135] 李晓. 论日本在东亚经济发展中的地位与作用 [J]. 世界经济，1995（1）：59 – 66.

[136] 林重庚，迈克尔·斯宾塞. 中国经济中长期发展和转型 [M]. 北京：中信出版社，2011：119 – 134.

[137] 林勇. 浅析海外侨汇对移民母国经济发展的积极作用 [J]. 亚太经济，2009（5）：109 – 112.

[138] 刘海方，等. 非洲农业的转型发展与南南合作 [M]. 北京：社会科学文献出版社，2018：59，176.

[139] 刘鹤. 三角循环和两极 [J]. 经济研究参考，2010（1）：2 – 4.

[140] 刘合光，兰向民. 世界粮食危机与治理机制 [J]. 中国经济报告，2022（6）：137 – 144.

[141] 刘瑶，张明. 全球经常账户失衡的调整：周期性驱动还是结构性驱动？[J]. 国际金融研究，2018（8）：33 – 43.

[142] 刘渝琳，周靖祥. FDI 作用于资本金融项目与经常项目波动的实证研究：1982—2006 [J]. 金融研究，2007（12）：65 – 78.

[143] 陆建明，李宏，朱学彬. 金融市场发展与全球失衡：基于创新与生产的垂直分工视角 [J]. 当代财经，2011（1）：49 – 63.

[144] 陆云航，刘文忻. "资源诅咒"问题研究的困境与出路 [J]. 经济学动态，2013（10）：124 – 131.

［145］路风，余永定．"双顺差"、能力缺口与自主创新——转变经济发展方式的宏观和微观视野［J］．中国社会科学，2012（6）：91－114．

［146］路世昌，张添娇，杨阳．国际投资流动、储备资产和全球失衡——基于非均衡国际货币体系的视角［J］．现代财经（天津财经大学学报），2016，36（4）：25－34．

［147］罗浩．自然资源与经济增长：资源瓶颈及其解决途径［J］．经济研究，2007（6）：142－153．

［148］罗纳德·麦金农，冈瑟·施纳布尔．中国汇率、金融抑制与人民币国际化的冲突［J］．李婧，译．经济社会体制比较，2014（2）：43－62．

［149］茅锐，徐建炜，姚洋．经常账户失衡的根源——基于比较优势的国际分工［J］．金融研究，2012（12）：23－37．

［150］莫里斯·奥伯斯法尔德，新帕尔格雷夫经济学大辞典（第二版）［M］．史蒂文·N.杜尔捞夫，劳伦斯·E.步卢姆．张一凡，译．经济科学出版社，2016（4）：401－403．

［151］缪尔达尔．亚洲的戏剧——南亚国家贫困问题研究［M］．方佛前，译．北京：首都经济贸易大学出版社，2001．

［152］齐红倩，耿鹏．财政赤字、经常账户与政府债务研究——李嘉图等价视角的国际经验分析［J］．世界经济研究，2012，226（12）：46－51．

［153］钱小岩．非洲大陆有了自己的支付结算系统［N］．第一财经日报，2022－01－19（A05）．

［154］邱立成，赵成真．制度环境差异、对外直接投资与风险防范：中国例证［J］．国际贸易问题，2012（12）：112－122．

［155］戎梅．主权债务可持续性的影响因素——基于特征事实的分析［J］．世界经济与政治论坛，2015（4）：103－126．

［156］邵帅，范美婷，杨莉莉．资源产业依赖如何影响经济发展效率？——有条件资源诅咒假说的检验及解释［J］．管理世界，2013（2）：32－63．

［157］邵帅，杨莉莉．自然资源开发、内生技术进步与区域经济增长［J］．经济研究，2011，46（S2）：112－123．

［158］舒马赫．小的是美好的［M］．南京：译林出版社，2007．

［159］舒运国．试析独立后非洲国家经济发展的主要矛盾［J］．西亚非

洲，2020（2）：91 - 110.

[160] 孙治宇，赵曙东. 世界经济再平衡和美国套利 [J]. 世界经济研究，2010（8）：9 - 15，38，87.

[161] 谭之博，赵岳. 银行集中度、企业储蓄与经常账户失衡 [J]. 经济研究，2012，47（12）：55 - 68.

[162] 王丹利，陆铭. 农村公共品提供：社会与政府的互补机制 [J]. 经济研究，2020，55（9）：155 - 173.

[163] 王海军，齐兰. 国家经济风险与FDI——基于中国的经验研究 [J]. 财经研究，2011，37（10）：70 - 80.

[164] 王灏，孙谦. 海外政治不确定性如何影响我国对外直接投资？ [J]. 上海经济研究，2018（6）：68 - 78.

[165] 王萌. 西非货币一体化的基础、挑战与实现路径 [J]. 国际研究参考，2020（11）：12 - 23.

[166] 王梦奎，陈群编. 学习《陈云文选》论文集 [M]. 杭州：浙江人民出版社，1984：34 - 37.

[167] 王伟，王茜，汪玲. 金融竞争力、信贷扩张与经常账户不平衡 [J]. 国际金融研究，2019，386（6）：48 - 56.

[168] 王稳，等. 国家风险分析框架重塑与评级研究 [J]. 国际金融研究，2017（10）：34 - 43.

[169] 王颖，姚宝珍. 国际移民对母国经济的影响——基于汇款中介效应的实证分析 [J]. 经济问题，2021（1）：23 - 31.

[170] 王跃生，潘素昆. FDI对国际收支和金融稳定的影响：理论与经验分析 [J]. 经济科学，2006（2）：112 - 120.

[171] 威廉·格雷德. 资本主义全球化的疯狂 [M]. 张定淮，等译. 北京：社会科学文献出版社，2003：233.

[172] 韦军亮，陈漓高. 政治风险对中国企业走出去的影响——基于面板数据模型的实证研究 [J]. 浙江工商大学学报，2009（3）：53 - 61.

[173] 魏浩，邓琳琳. 国际移民流入、中间品进口与东道国生产率提高 [J]. 国际贸易问题，2022（5）：38 - 50.

[174] 温军，杨荻. 盈余管理、审计意见与信贷期限 [J]. 南京审计大

学学报，2022，19（5）：1-11.

［175］吴晓芳，谢建国，樊学瑞．生产率冲击与经常项目失衡——基于新开放宏观经济学框架的研究［J］．财贸研究，2019（8）：52-63.

［176］吴元．孟加拉国海外劳工移民及其治理研究［J］．华侨华人历史研究，2022（3）：31-40.

［177］小罗伯特·E.卢卡斯．为什么资本不从富国流向穷国？［M］．郭冠清，译．北京：中国人民大学出版社，2016：61-68.

［178］谢杰，等．外部收入冲击、产品质量与出口贸易——来自金融危机时期的经验证据［J］．财贸经济，2018，39（5）：113-129.

［179］徐康宁，邵军．自然禀赋与经济增长：对"资源诅咒"命题的再检验［J］．世界经济，2006（11）：38-47，96.

［180］徐康宁．自然资源高价时代与国际经济秩序［J］．世界经济与政治，2008（5）：70-77，5.

［181］徐丽鹤，吴万吉，孙楚仁．谁的援助更有利于非洲工业发展：中国还是美国［J］．世界经济，2020，43（11）：3-27.

［182］徐明棋．美国国际收支经常账户逆差不断扩大对世界经济的影响［J］．国际金融研究．2006（4）：38-43.

［183］徐长生，张茵．东亚的两种对外开放模式［J］．经济纵横，1999（1）：55-59.

［184］许士密．"逆全球化"的生成逻辑与治理策略［J］．探索，2021（2）：74-87.

［185］闫帅．国家风险、海外投资保险与中国对外直接投资［J］．保险研究，2022（5）：3-16.

［186］杨宝荣．"重债穷国减债计划"非洲案例研究［J］．西亚非洲，2005（3）：71-76.

［187］杨海珍，宓超，刘佳佳，等．国际收支阶段演变的影响因素研究——基于有序logistic模型［J］．系统工程理论与实践，2017，37（5）：1154-1162.

［188］杨励，谭伟杰，陈钊泳，等．中国对非援助能否破解反贫困"伊斯特利悲剧"难题［J］．国际经贸探索，2022，38（8）：68-84.

[189] 杨盼盼，徐建炜．"全球失衡"的百年变迁——基于经验数据与事实比较的分析 [J]．经济学（季刊），2014，13（2）：625 - 646.

[190] 姚斌，李建强．城镇化进程与国际收支格局的定位——以经常账户为"锚"的分析 [J]．金融研究，2014（3）：54 - 68.

[191] 姚桂梅．新时代中非经贸合作：升级发展及风险挑战 [J]．中国非洲学刊，2022，3（2）：19 - 38，143 - 144.

[192] 于滨铜，王志刚，朱佳，等．援助结构、领导力与产业扶贫绩效 [J]．中国工业经济，2021（6）：23 - 41.

[193] 余永定，覃东海．中国的双顺差：性质、根源和解决办法 [J]．世界经济，2006（3）：31 - 41.

[194] 余永定．财政稳定问题研究的一个理论框架 [J]．世界经济，2000（6）：3 - 12.

[195] 余永定．从欧洲主权债危机到全球主权债危机 [J]．国际经济评论，2010（6）：14 - 24，3.

[196] 约瑟夫·E. 斯蒂格利茨．东亚奇迹：经济增长与公共政策 [M]．北京：中国财政经济出版社，1995：1 - 16.

[197] 约瑟夫·E. 斯蒂格利茨．东亚奇迹的反思 [M]．北京：中国人民大学出版社，2013：12 - 53.

[198] 约瑟夫·E. 斯蒂格利茨．巨大的鸿沟 [M]．北京：机械工业出版社，2017.

[199] 张宏明．法郎区剖析 [J]．世界经济，1988（10）：53 - 58.

[200] 张建，李占风．对外直接投资促进了中国绿色全要素生产率增长吗——基于动态系统 GMM 估计和门槛模型的实证检验 [J]．国际贸易问题，2020（7）：159 - 174.

[201] 张杰，王文凯．方言多样化和企业创新——中国的事实及机制 [J]．金融研究，2022，501（3）：135 - 151.

[202] 张少华．基于生产率视角的全球经济失衡研究 [J]．世界经济研究．2014（11）：3 - 9.

[203] 张天顶，李洁．宏观经济因素与经常项目失衡的调整：跨国经验及其对中国的启示 [J]．金融研究，2008（12）：63 - 74.

［204］张天顶．全球经常项目失衡影响因素的实证研究［J］．南方金融，2008（9）：15－17，28.

［205］张小波，傅强．进入中国的 FDI 的行为变迁对国际收支的影响研究［J］．管理评论，2012，24（2）：88－96，107.

［206］张延良，木泽姆．非洲法郎区的演进及运行机制［J］．西亚非洲，2003（2）：47－52.

［207］张宇燕．债务危机与世界经济［J］．北京工业大学学报（社会科学版），2012，12（3）：31－34.

［208］赵凯，林志伟．财政政策与经常账户间关系的变动规律——来自 G20 的经验数据（2000～2014 年）［J］．世界经济研究，2016（12）：36－46.

［209］赵祚翔．新结构经济学框架下非洲工业化发展模式研究［J］．暨南学报（哲学社会科学版），2018，40（6）：3－17.

［210］郑磊，陈克政．东道国腐败会阻碍外商直接投资流入吗？［J］．财经问题研究，2017（10）：102－109.

［211］郑燕霞，朱丹丹，黄梅波．中国对外直接投资对非洲资源依赖国制造业发展的影响研究［J］．经济经纬，2019，36（6）：55－61.

［212］中国人民银行总行参事室．中华民国货币史资料（第二辑）［M］．上海：上海人民出版社，1991：361.

［213］周力，杨阳．气候风险、国际贸易与中国粮食安全［J］．国际贸易问题，2014（5）：35－44.

［214］周茂清．工业化过程中不同经济发展模式的比较和分析［J］．世界经济与政治论坛，2003（6）：1－6.

［215］周玉渊．转型中的国际债务治理：过程、功能与前景［J］．太平洋学报，2020，28（12）：1－15.

［216］朱超，余颖丰，易祯．人口结构与经常账户：开放 DSGE 模拟与经验证据［J］．世界经济，2018（9）：26－50.

［217］朱丹丹，黄梅波．中国对外援助能够促进受援国的经济增长吗？——兼论"促贸援助"方式的有效性［J］．中国经济问题，2018（2）：24－33.

［218］朱玲，蒋中一．以工代赈与缓解贫困［M］．上海：上海人民出版社，1994：181－187.

附录　西非法郎区八国进出口贸易结构

　　图 A.1 至图 A.16 依次为 1995—2021 年西非法郎区八国（按英文首字母升序排列）的出口和进口商品结构。根据研究目的，初级商品类别根据国际贸易标准分类（SITC）代码，划分为食品，农业原料，矿石和金属，燃料，珍珠、宝石和非货币黄金五类，工业品按照产品的要素密集类型划分，这些共同构成已分配产品总量。本书依据不同类别的产品在已分配总产量的比重绘制百分比堆积柱形图，数据来源于联合国贸易和发展会议。

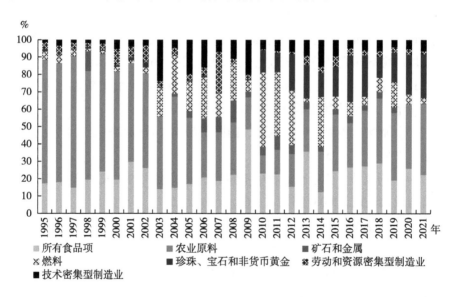

图 A-1　贝宁（Benin）出口商品结构

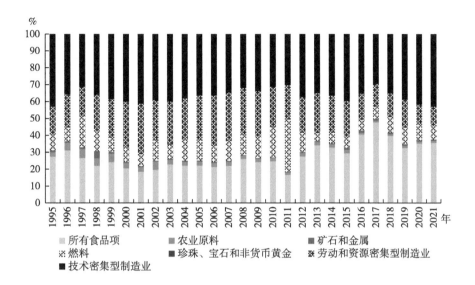

图 A－2　贝宁（Benin）进口商品结构

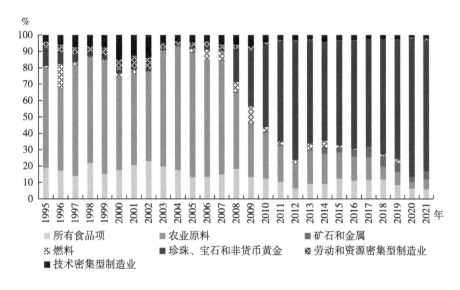

图 A－3　布基纳法索（Burkina Faso）出口商品结构

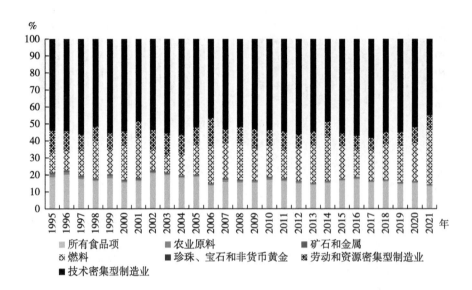

图 A – 4　布基纳法索（Burkina Faso）进口商品结构

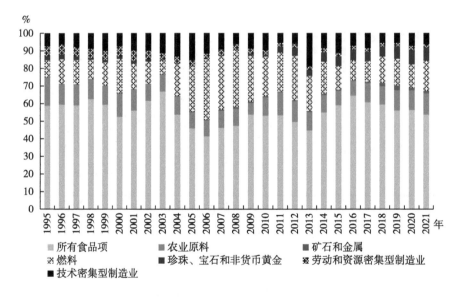

图 A – 5　科特迪瓦（Côte d'Ivoire）出口商品结构

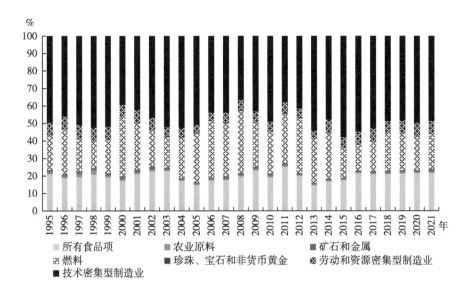

图 A－6 科特迪瓦（Côte d'Ivoire）进口商品结构

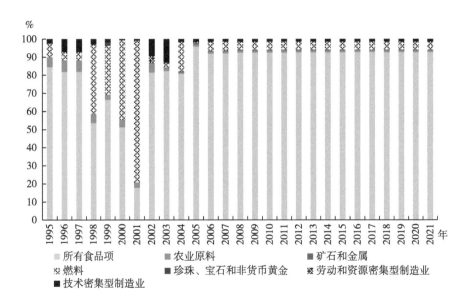

图 A－7 几内亚比绍（Guinea－Bissau）出口商品结构

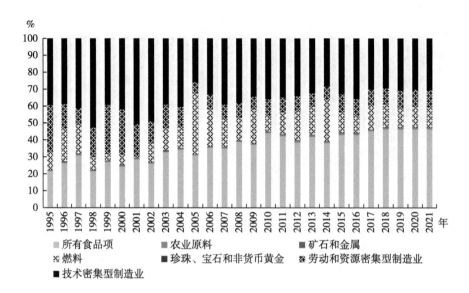

图 A-8　几内亚比绍（Guinea-Bissau）进口商品结构

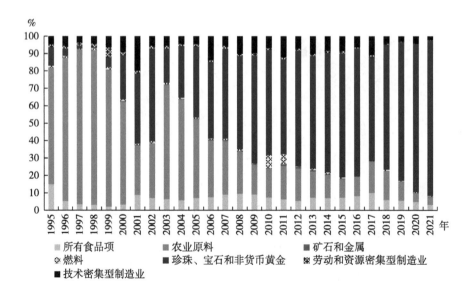

图 A-9　马里（Mali）出口商品结构

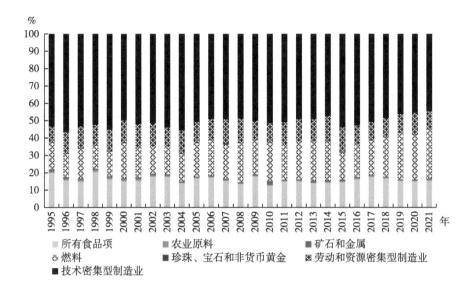

图 A – 10　马里（Mali）进口商品结构

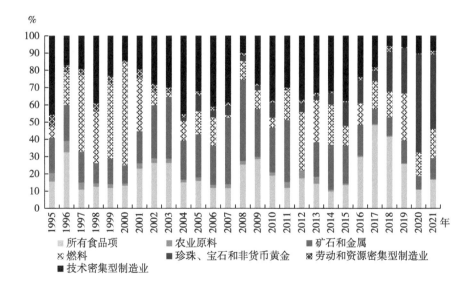

图 A –11　尼日尔（Niger）出口商品结构

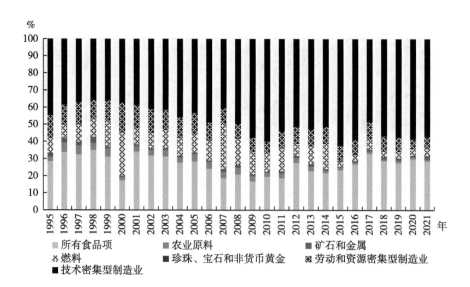

图 A –12 尼日尔（Niger）进口商品结构

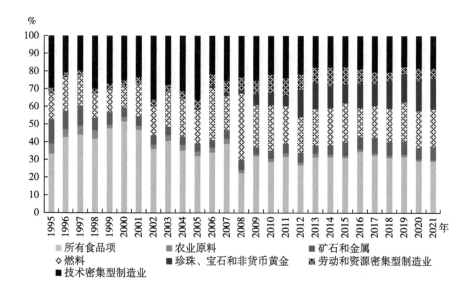

图 A –13 塞内加尔（Senegal）出口商品结构

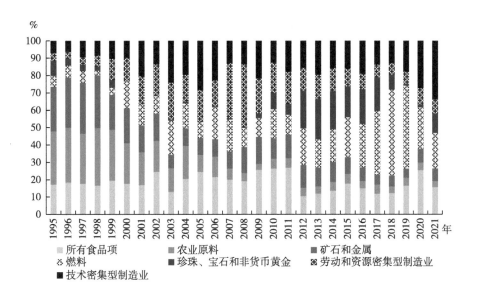

图 A – 14 塞内加尔（Senegal）进口商品结构

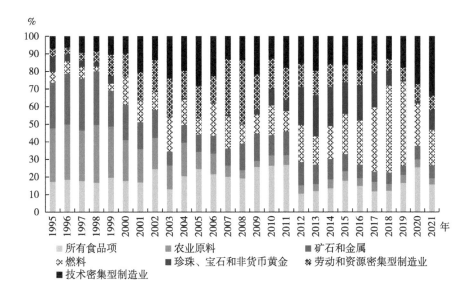

图 A – 15 多哥（Togo）出口商品结构

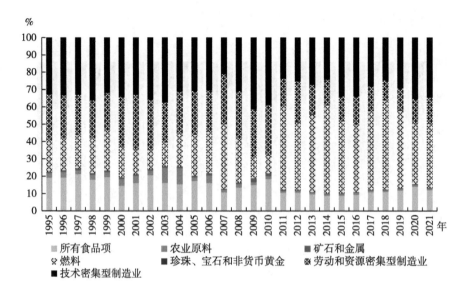

图 A - 16   多哥（Togo）进口商品结构

后　记

这是我的第一本专著，我相信，这是一个新的起点。

2020年9月，我考入首都经济贸易大学攻读博士学位，开始了人生路上重要的旅程。那时，我的导师李婧教授分享一则中国世界经济学会年会的征文通知，我由此开始了学术生涯。第一篇关于"新兴市场国家金融市场原罪"的文章入选世界经济学会年会分论坛，这对我是莫大的鼓舞。在会议上分享和听取意见的过程中，我的文章逻辑越来越清晰，这为论文的成功发表奠定了基础。更重要的是，我开始懂得如何修改和完善一篇学术论文。由于我们一直关注发展中国家，李老师指导众多来自数十个发展中国家的留学生，经常向我们分享发展中世界的故事，我对此充满了好奇，这是研究全球化中"失落地带"发展中国家的源起。

在李老师的指导和陪伴下，我受益良多。经老师推荐，我参加了上海财经大学2021年暑期学校，学习高级宏观经济学和高级计量经济学课程；与李老师一同参观中国钱币博物馆，丰富了我对货币的认识；在一次次借阅图书中完成文章《数字货币的政治经济学思考》；一本小书《朱理治金融论稿》让我了解到红色金融，发现共产党人丰富的货币、财政、经济和金融智慧，我和李老师共同阅读《陈云文选》《薛暮桥回忆录》《曹菊如文稿》《朱理治传》等，分享心得，这些体验帮助我完成关于红色货币的文章，提高了我的经济学素养；我们还共同发表了《公众合作与人类卫生健康共同体建设的演化博弈分析》；参与李老师主持的关于人民币国际化的国家社科基金等课题更是丰富了我的学术经历……只有亲身经历后，方知其中的甘苦。

我一定要把最深的谢意给最亲爱的导师，李婧教授。是您用一本《货币的教训》带我步入货币世界，让我对学术产生兴趣；是您在某天傍晚到达图书馆四层教导我写作应该像"剥卷心菜"；是您多次提醒我说话写作都应明确坚定，自信地表达自己；是您让我关注到生活中的细小美好，蓝天、鸟鸣、花香和绿荫。跟着您观察一草一木，我逐渐理解世事洞明皆学问，人情练达即文章。这三年太短，还想继续体验夏秋的美好，但已离开了校园；这三年足够长，您不仅教会我如何读书写作，而且身体力行，教了我很多做人做事的道理，成了我一生的宝贵财富。我拥有了如此特别的三年。

特别感谢培养我的首都经济贸易大学经济学院的老师们。在首经贸求学的时光里，我得到了多位恩师指点。没有这个共同体，我不可能走好学术研究之路。感谢遇到的所有良师益友，我们在学术的大道同行。离开花乡，入职中国人民银行金融研究所，继续走在学术道路上，我依然是那么幸运。

坐在图书馆的南窗，国槐叶茂，光洒桌旁。凡是过往，皆为序章。师训在此，不可辜负，做世界的水手，奔向所有的码头。

姜雪晴
2024 年晚秋于北京